LE CONTRAT INTERNATIONAL

LA PAIX

ÉTABLISSEMENT

D'UNE

JUSTICE INTERNATIONALE

CODE ET TRIBUNAL

PAR

GUILLAUME PAYS

PARIS

IMPRIMERIE ET LIBRAIRIE CENTRALES DES CHEMINS DE FER

IMPRIMERIE CHAIX

SOCIÉTÉ ANONYME AU CAPITAL DE SIX MILLIONS

Rue Bergère, 20

LA PAIX

ABOLITION DE LA GUERRE

PAR UNE JURIDICTION INTERNATIONALE

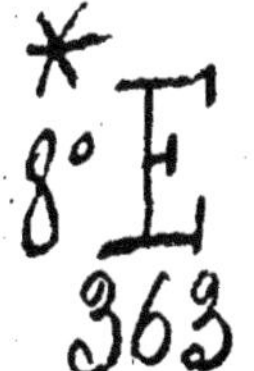

LE

CONTRAT

INTERNATIONAL

Cache tes drapeaux, guerre,
Sinon, toi misère, montre tes haillons,

V. Hugo.

————

PARIS

IMPRIMERIE ET LIBRAIRIE CENTRALES DES CHEMINS DE FER

IMPRIMERIE CHAIX

SOCIÉTÉ ANONYME AU CAPITAL DE SIX MILLIONS

Rue Bergère, 20

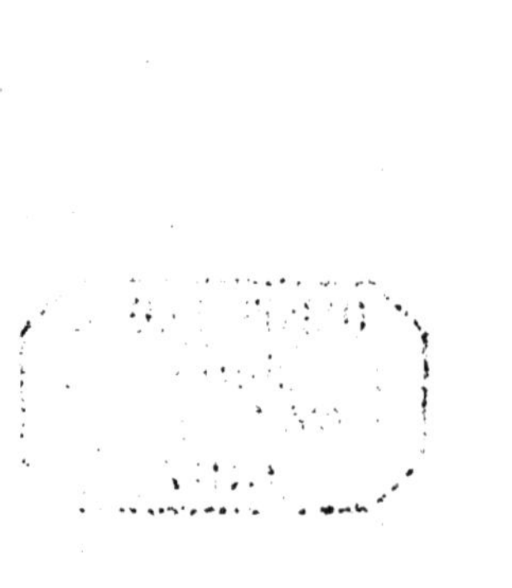

PRÉFACE

Ce que nous nous proposons dans cet ouvrage, ce n'est pas de faire une apologie stérile de la paix, c'est d'en rendre l'établissement possible.

Nos espérances sont fondées sur des faits réels et des moyens pratiques que nous fournissent les rapports actuels des peuples entre eux.

Nous avons bien réfléchi avant de publier ce livre, nous demandant si nous ne tentions pas la plus chimérique des entreprises; car si la pacification des peuples n'était pas réalisable, cette publication paraîtrait contraire non seulement au sentiment patriotique, mais même au simple bon sens; ce qui nous encourage, c'est la conviction que nous pouvons réussir; et nous sommes assuré de faire acte de patriotisme, tout en demandant le bien des autres peuples.

Nous prions seulement le lecteur de ne pas nous traiter d'utopiste dès le premier mot, et de ne nous juger qu'après avoir lu cet ouvrage.

Sur le sujet qui nous occupe, J.-J. Rousseau

s'exprime ainsi dans son avant-propos sur le projet
de l'abbé de Saint-Pierre :

« Comme jamais projet plus grand, plus beau,
» ni plus utile n'occupa l'esprit humain que celui
» d'une paix perpétuelle et universelle entre tous
» les peuples de l'Europe, jamais auteur ne mérita
» mieux l'attention du public que celui qui propose
» des moyens pour mettre ce projet à exécution.
» Il est même bien difficile qu'une pareille matière
» laisse un homme sensible et vertueux exempt
» d'un peu d'enthousiasme; et je ne sais si l'illu-
» sion d'un cœur véritablement humain, à qui son
» zèle rend tout facile, n'est pas en cela préférable
» à cette âpre et repoussante raison qui trouve
» toujours dans son indifférence pour le bien public
» le premier obstacle à tout ce qui peut le favoriser.

» Je ne doute pas que beaucoup de lecteurs ne
» s'arment d'avance d'incrédulité pour résister au
» plaisir de la persuasion et je les plains de prendre
» si tristement l'entêtement pour la sagesse. »

PROGRAMME D'UN CODE

ET

D'UN TRIBUNAL DES NATIONS

PREMIÈRE PARTIE

But de ce livre

« La guerre est un crime ! »

Ce livre est l'exposé pratique de toutes les voies et moyens nécessaires pour établir la paix internationale.

Désireux d'atteindre plus sûrement ce but, nous avons cru préférable d'en appeler à l'opinion.

Nous espérons ainsi amener les gouvernements à nommer des juges pour un *Tribunal* international qui réglerait tous les différends de peuple à peuple, juridiquement, à l'aide d'un *Code* nouveau du droit des gens (*).

Nous nous proposons d'abord de réunir quelques publicistes et diplomates de différents pays en un *Comité d'étude*, sans caractère officiel, qui sera chargé d'élaborer ce code, d'obtenir les fonds nécessaires au moyen de souscriptions ou d'emprunts, et d'arriver, par une active propagande, à réaliser notre projet.

Nous traitons séparément du Code et du Tribunal ainsi que des moyens d'action, et nous terminons par l'étude des difficultés et des avantages que présente un pareil sujet.

Nous offrons les premiers fonds pour un commencement d'exécution : c'est la meilleure preuve que nous puissions donner de notre confiance en cette œuvre pacifique.

Nous n'avons pas, malheureusement, les moyens de suffire à l'établissement du *comité* dont nous par-

---

(*) *Droit des gens* est synonyme de *droit international*, c'est l'ensemble des lois qui régissent les rapports des nations entre elles.

lons, mais nous pouvons avancer une certaine somme pour soutenir cette noble cause ou pour devenir les premiers souscripteurs au mode d'emprunt indiqué page 122, s'il y a lieu.

Nous pourrons ainsi faire traduire ce *projet de paix*, dont nous enverrons le programme dans tous les pays; ensuite, nous charger des frais de publicité, soit pour obtenir des souscriptions, soit en offrant un prix pour le concours du *code;* et aussi réunir un comité.

Nous comptons par ces moyens préparer l'action générale qui amènera cette réforme tant désirée.

Ce projet substitue un accord et une paix générale à l'affreux état de guerre dans lequel nous vivons; il remplace les luttes sanglantes par les sentences d'un Tribunal, jugeant sans appel les différends qui peuvent survenir entre les nations et toutes les questions qui deviennent aujourd'hui des causes de guerre.

Ce Tribunal sauvegarderait ainsi l'indépendance et l'honneur de chaque peuple.

Tous vivent encore à l'état de nature entre eux;

la guerre est le seul moyen de trancher leurs différends, et ils n'ont reconnu jusqu'ici aucun pouvoir juridique.

Si nous convions les peuples à l'adoption d'un Code et d'un Tribunal international, c'est que ce Tribunal peut juger leurs litiges au même titre que les juges ordinaires règlent les discussions entre les particuliers.

Rendre ce Tribunal possible, sa nomination légale, telle est la question.

Ce n'est point là une idée nouvelle; mais, ce que nous voulons, c'est la faire accepter et la mettre à exécution; car, jusqu'à présent, les publicistes et les philosophes qui ont étudié le problème d'une paix générale avaient parlé, ou d'une sorte de congrès de princes pour décider de leurs intérêts et du sort des nations, ou bien ces auteurs fractionnaient arbitrairement l'Europe en nouvelles subdivisions territoriales : ce qui avait fait considérer leurs idées comme chimériques.

Notre projet a été conçu en dehors de tous ceux qui ont été émis déjà et dont nous n'avons pris connaissance que plus tard, après avoir trouvé l'idée première de notre œuvre, heureux de rencontrer une similitude de sentiments chez des prédécesseurs tels que Henri IV, l'abbé de Saint-Pierre, Kant, Cobden, etc. (note 1).

Notre œuvre est avant tout pratique et humanitaire, et sans esprit de parti, comme on s'en convaincra par la suite de ce livre.

Parmi les moyens indiqués, on en trouvera peut-être quelques-uns qu'on pourra critiquer, comme d'importance secondaire; mais le but étant louable, nous exposons notre pensée en toute sincérité; du reste, nous ne mettons en œuvre que des moyens autorisés par la morale.

C'est donc un *programme* que nous donnons pour arriver à une paix durable, pour laquelle, quelques personnes diront peut-être : « ce serait désirable, ou c'est un beau rêve. » Nous, nous disons : « *cela sera* », et c'est le résultat d'une longue étude qui nous a conduit à cette conviction ; nous avons aussi la certitude que l'on peut y arriver par les moyens pratiques que nous indiquons.

Nous voudrions communiquer au lecteur la confiance que nous éprouvons nous-même, et notre certitude dans la réussite.

Un peu d'attention, et un examen sincère de nos idées, dont on reconnaîtra la réalisation possible, amèneront bientôt ce résultat.

Nous ne craignons pas de soulever les discussions et la critique, de remuer l'opinion ; nous le souhaitons même pour soutenir nos théories, car nous espérons que l'on n'aura pas une seule raison sérieuse à nous opposer.

Nous ne rêvons pas un monde meilleur, une sorte d'âge d'or, comme on se plaît à dire ; nous n'espérons pas rendre les hommes plus sages, ni moins passionnés ; mais nous disons que dans l'état actuel, l'homme, avec tous ses vices et ses passions, peut vivre à l'état de paix internationale par l'institution d'un Tribunal.

Nous substituons seulement l'état policé et civilisé à l'état de nature ; nous mettons un frein aux passions qu'autorisent la guerre et l'absence de tout droit juridique.

Tous les défenseurs de la guerre qui nous traiteront d'utopiste seront de mauvaise foi, ou bien aveugles, attendu que nous n'avons pas la prétention de modifier la nature humaine, mais seulement d'établir un pacte pour assurer la paix.

Ce ne sont pas seulement des idées humanitaires que nous soutenons ; mais encore des faits positifs, des intérêts matériels rendent notre réforme nécessaire.

S'il existe des garanties pour les individus de chaque pays, des droits, et en s'élevant plus haut, des conventions, des traités, des lois internationales enfin, sanctionnées et respectées, nous demandons pourquoi on n'établirait pas d'autres lois tendant à éviter la guerre qui ne subsiste que pour une seule raison : c'est que les nations n'ont reconnu aucune autorité au-dessus d'elles ; cependant il y en a une supérieure, c'est la *suprématie* de toutes sur chacune et la loi des intérêts communs.

On pourra se convaincre que le Tribunal dont nous proposons l'établissement, non seulement est possible, mais encore offre à tous une garantie d'indépendance et de justice. Car il n'est pas simplement une assemblée de nations avec leurs intérêts personnels et égoïstes, mais il garantira l'union des peuples dans un but pacifique sans avoir le caractère intime d'un aréopage de princes ou de gouvernements.

C'est un véritable tribunal que tous doivent reconnaître, car tous peuvent compter sur sa protection.

Nous présentons aux gouvernements et aux peuples un plan acceptable et réalisable.

Sauf la guerre, nous ne modifions rien à l'état

politique des nations ; nous calmons même les craintes de tous les gouvernements et de tous les souverains, pour assurer la sécurité de tous en respectant la liberté de chacun.

Nous conservons le *statu quo*, laissant aux nations leurs colonies, leur territoire et leurs limites actuelles.

Protégeant ainsi tout le monde, sans blesser ni sacrifier personne, nous croyons faire aussi bonne justice que bonne politique, en guérissant l'humanité du fléau le plus terrible, la guerre !

Si la guerre a pour but d'arriver à la paix, tout autre moyen pacifique et juste lui est préférable. Car la guerre est un malheur public comme les catastrophes et les fléaux qui affligent l'humanité : à ce titre, elle ne doit laisser aucun de nous indifférent. La majorité des hommes désire la paix ; cela est incontestable, et depuis que l'homme pense, il a écrit et parlé en faveur de la paix contre la guerre.

Ce n'est pas un fait passager ; toujours, en quelque lieu que ce soit, elle fait des victimes.

Et même chez les peuples qui sont en paix, les lourdes charges militaires imposent des sacrifices continuels.

Quoi de plus terrible que la guerre pour les peuples, et aussi de plus redoutable que les invasions, les désastres et les massacres qu'elle entraîne après elle?

Vous, qui avez vu mourir un fils, un parent ou un ami, songez-y bien, lorsqu'on vous dit que des milliers d'hommes sont tués, ce sont autant d'êtres semblables à tous ceux que vous avez pleurés ; ce sont des hommes exterminés sans but, immolés dans la fleur de l'âge, enlevés à l'affection des leurs !

Soutenir la guerre, c'est vouer vos fils, vos maris ou vos frères au meurtre, au hasard d'une mort brutale.

Toute guerre est fratricide ; c'est là le crime de l'humanité !

De grâce, que les hommes ne s'assassinent plus ; il est déjà assez honteux que l'histoire ait à enregistrer des souvenirs aussi horribles. Car la paix peut régner entre eux : c'est ce que nous allons prouver.

Aussi, ne parlons plus contre la guerre, faisons mieux : rendons la paix assurée en établissant un Tribunal.

Des actes et non des paroles, ni des promesses ou des espérances illusoires.

Notre projet est réalisable, nous devons le prouver.

Par quels moyens? Nous vous les indiquerons plus loin; mais avant de les faire connaître, nous devons expliquer ce que nous entendons par ce *Tribunal* et par ce *Code*.

DEUXIÈME PARTIE

Tribunal.

« La paix par la justice. »

L'opposition des intérêts, la différence des opinions, sont des sujets de désaccord certain entre les peuples comme entre les individus; quand ces mêmes intérêts passionnent tout un peuple, les guerres éclatent.

Mais ces désaccords peuvent être réglés d'une façon plus juste et sans guerre, par un arbitrage ou par un Tribunal, dès lors qu'on est convenu d'avance d'accepter des règlements déterminés, et qu'on est certain d'être jugé équitablement au nom de la loi.

Cela nous paraît évident, et nous ne disons pas seulement que c'est une chose possible et utile, mais qu'elle est obligatoire.

Nous ne traitons ici que des faits, un état de choses matériel, non un vague desideratum; nous nous plaçons sur un terrain positif, juridique et politique.

Un *Tribunal* permanent, accepté et nommé par les peuples pour juger leurs différends et leurs contestations, tel est le moyen approuvé déjà par des publicistes qui ont traité du droit des gens : Bentham, Martens, Bluntschili, de Molinari, Pradier-Fodéré et tant d'autres.

Quels sont les peuples appelés à faire partie de l'association pacifique et à nommer des juges au Tribunal ? Ce sont naturellement tous ceux qui ont déjà des diplomates et des réprésentants accrédités auprès des autres nations.

Voilà donc un *Tribunal international* à nommer ; mais comment et sur quelles bases ? Combien contiendra-t-il de membres, et comment seront-ils choisis équitablement ?

Et d'abord, nous disons que peu importe la façon dont ce Tribunal sera formé, pourvu qu'il existe et soit légal ; son autorité sera toujours la même, et c'est là le seul point nécessaire.

Mais voici, après mûres réflexions, et à tous les points de vue, le mode de création que nous préférons pour ce Tribunal :

Nous considérerons les nations comme grandes, moyennes et petites, conformément aux usages de la diplomatie actuelle, et nous adopterons pour chacune de ces nations un nombre de *juges* proportionnel à leur importance.

Or, il existe un moyen d'évaluer cette importance :

Pour établir une proportion juste, et pour généraliser les conditions de ce classement des puissances d'une manière équitable, on devra tenir compte des éléments qui constituent leur grandeur : la POPULATION, le BUDGET et le COMMERCE EXTÉRIEUR.

On dressera des tables ayant un caractère sinon d'exactitude mathématique, du moins d'une rigoureuse équité, et elles serviront de base pour la représentation au Tribunal : c'est une affaire de statistique.

Cela donnerait ainsi le droit à une nation, de passer d'une classe, à une autre supérieure, par suite de progrès ou d'accroissement dans l'avenir.

Nous démontrerons plus loin, que toute nation devra être satisfaite de la création d'un Tribunal, quelle que soit sa part de représentation.

D'après ces considérations, nous avons dressé le tableau suivant qui établit l'ordre exact de cette composition (*) :

(*) Ce tableau est extrait, en partie, de l'*Annuaire de l'Économie politique et de la statistique* pour 1881, par M. M. Block.

Les sommes sont exprimées en *francs*.

ÉTATS	POPULATION	BUDGET
ALLEMAGNE	45.234.000 h	Estimé 2.000.000.000 f Compris Guerre et marine 504.500.000
AUTRICHE-HONGRIE	37.741.000	2.000.000.000 Guerre et Marine 280 millions.
BELGIQUE	5.585.000	323.000.000
BOLIVIE	2.000.000	21.000.000
BRÉSIL	11.800.000	Guerre et Marine 14.500.000 318.000.000
CHILI	2.210.000	Guerre et Marine 62 millions 219.000.000
CHINE	Éval. 400.000.000	Guerre et Marine 100 millions Est. 600.000.000
COLOMBIE	2.950.000	47.500.000
COSTA-RICA	200.000	10.000.000
DANEMARK	2.000.000	67.000.000
ÉQUATEUR	1.146.000	13.700.000
ESPAGNE	16.800.000	880.000.000
ÉTATS-UNIS	50.115.000	Guerre et Marine 137 millions Recettes 2.211.000.000 Dépenses 1.591.000.000
FRANCE	37.500.000	3.480.000.000
GRANDE-BRETAGNE	35.246.000	Guerre et Marine 944 millions Environ 2.000.000.000
GRÈCE	2.000.000	72.000.000
GUATÉMALA	1.252.000	35.500.000
HAÏTI	800.000	31.000.000
HAWAÏ (Îles Sandwich)	68.000	11.000.000
HONDURAS	400.000	4.309.000
ITALIE	28.160.000	1.537.000.000
JAPON	36.700.000	Guerre et Marine 300 millions 360.000.000
LUXEMBOURG	209.570	8.000.000
MAROC	Est. 7.000.000	(Inconnu)

DES NATIONS (1884)

ARMÉE	COMMERCE	DETTE	RAPPORT	
			JUGES	VOIX
Paix . . . 445.000 Guerre . . 1 million 1/2 sans la landsturm.	7.113 millions	5.476 millions	5 5/10	55
Environ . . 300.000 Guerre . . 1.300.000	3.485 millions	10 milliards 1/2	5 . . .	50
Guerre . . . 103.000	2.933 millions	1 milliard 1/2	3 1/10	31
. . . . 3.000	30 millions	10 millions 1/2	. . 7/10	7
Guerre . . 32.000	1 milliard	Env. 2 milliards	3 . . .	30
Guerre . . 25.000	500 millions	496 millions	1 9/10	19
Éval . . . 400.000	Éval. 2 milliards 1/2	Éval 210 millions	5 5/10	55
Paix . . . 3.000	154 millions	108 millions	. . 9/10	9
. 500	80 millions	32 millions	. . 5/10	5
Guerre . . 50.000	596 millions	190 millions	1 5/10	15
Avec milice . 5.000	27 millions 1/2	76 millions	. . 6/10	6
Paix . . . 90.000 Guerre . . 150.000	1.100 millions	13 milliards	3 5/10	35
Paix . . . 26.000 Guerre . . 2.900.000	Envir. 7 milliards	6 milliards	5 5/10	55
Paix . . . 500.000 Guerre . . 2 millions 1/2	8.510 millions	26 milliards 1/2	5 5/10	55
. . . . . 336.000	17 milliards 1/2	19 milliards 1/2	6 . . .	60
. . . . . 29.000	177 millions	398 millions	1 2/10	12
. . . . .	40 millions	35 millions	. . 8/10	8
. . . . 6.800	71 millions	65 millions 1/2	. . 7/10	7
. . . . 400	70 millions	2 millions	. . 5/10	5
Avec milice . 7.000	10 millions	175 millions	. . 3/10	3
. . . . 1.985.000 compris milice.	2 milliards 1/2	10 milliards	5 . . .	50
Guerre . . 60.000	330 millions	1 milliard 1/2	2 8/10	28
. . . (Pays-Bas et Zollverein). . .		16 millions	. . 5/10	8
Guerre . . 25.000	41 millions	. . . . .	1 . . .	10
		À reporter		615

ÉTATS	POPULATION	BUDGET
Mexique	9.787.000[h]	191.000.000[f]
Montenegro	236.000	800.000
Nicaragua	300.000	8.150.000
Paraguay	350.000	1.575.000
		Guerre 325.000
Pays-Bas	4.114.000	290.000.000
Pérou	2.800.000	330.000.000
Perse	Estim. 8.000.000	Estim. 50.000.000
Portugal	4.745.000	180.000.000
République Argentine	2.942.000	163.000.000
Roumanie	5.376.000	125.000.000
Russie (Empire de)	100.000.000	3.108.000.000
St-Dominique (Rép. Domin.)	150.000	8.000.000
San-Salvador	600.000	21.000.000
Serbie	1.800.000	35.000.000
Siam	6.000.000	40.000.000
Suède et Norwège	4.565.000	110.000.000
	1.914.000	56.000.000
Suisse	2.846.000	Estim. 85.500.000
Tunis	2.000.000	41.000.000
Turquie	22.190.000	354.000.000
Uruguay	438.000	44.000.000
Venezuela	2.075.000	26.000.000
Zanzibar	100.000	2.350.000

Total : 46 États

DES NATIONS (suite)

ARMÉE		COMMERCE	DETTE	RAPPORT	
				JUGES	VOIX
			Report		615
Paix . .	22.000	. . 341 millions	. . 780 millions	1 9/10	19
. . . .	34.000	. . . 5 millions	. . . .	. 3/10	3
. . . .		. . 40 millions	. . . 7 millions	. 5/10	5
. . . .		. . 16 millions	. . 200 millions	. 3/10	3
et Inde .	131.000 31 000	. 3.381 millions	. 2.100 millions	2 8/10	28
. . . .		. . 279 millions	. 1 milliard . .	1 6/10	16
Environ .	40.000	. . 102 millions	. . . .	1 5/10	15
Guerre.	75.000	. . 313 millions	. 2 milliards .	1 6/10	16
Guerre,	315 000	. . 608 millions	. . 544 millions	1 9/10	19
Guerre.	100.000	. . 513 millions 1/2	. . 619 millions	2 2/10	22
Paix . . 717.000 Guerre. . 2.122.000		. 4 milliards .	. 8 milliards 1/2 .	5 5/10	55
. . . .		. . 18 millions	. . 30 millions	. 4/10	4
. . . .		. . 41 millions	. . 12 millions	. 6/10	6
Guerre.	115.000	. . 66 millions	. . 100 millions	. 8/10	8
Avec milice.	25 000	. . 120 millions	. . . .	1 2/10	12
Guerre. 200.000 Paix 18.000		. . 650 millions . . 394 millions	. . 428 millions	2 6/10	26
. . . .	205.000	Estim. 800 millions	. . 35 millions	1 5/10	15
. . . .		. . 250 millions	. . . .	. 9/10	9
Paix . . 150.000 Guerre. . 600.000		. . 600 millions	. 6 milliard .	2 6/10	26
. . . .	24.000	. . 200 millions	. . . .	. 7/10	7
. . . .	2.210	. . 155 millions	. . 333 millions	. 9/10	9
. . . .	1.400	. . 40 millions	. . . .	. 4/10	4
					912

Nombre de juges : 112 pour 912 voix

Nota. — L'avant-dernière colonne à droite de notre tableau, donne un rapport indiquant le nombre de juges appelé à représenter chaque État.

Ce rapport étant exprimé par des fractions, pour rendre cette énumération pratique, nous convertirons ces fractions en nombres entiers en donnant au vote *d'un juge* la valeur de *dix* voix.

Ainsi, si le vote d'un juge compte pour *dix* dans la totalité des voix, les cinq juges d'une seule nation, votant dans le même sens, donneront 50 voix.

Le vote du représentant de Costa-Rica qui figure pour 5/10 équivaudra à 5 voix.

Les *quatre* juges de la Belgique, figurant par 3 1/10 compteront :

Pour 3 juges : 30 voix $\left.\right\}$ soit 31 voix.
et pour le 4ᵉ juge 1 voix

Toute fraction représente donc *un juge*, dont le vote compte pour moins de 10 voix.

De là notre dernière colonne, qui donne également le rapport entre les nations et représente les voix à attribuer aux juges de chaque puissance. (*Voyez note explicative 2 pour les calculs qui nous ont servi à établir ce nombre de juges.*)

On a compris dans ce tableau les nations qui sont déjà unies par des liens diplomatiques, qui ont des relations commerciales, des consuls, etc.

On voit par cela même combien les choses se simplifient : un Tribunal devient la consécration de l'union qui existe déjà et comme un complément nécessaire et naturel (note 3).

Il est à remarquer que sur ces 46 puissances, toutes n'ont pas à soutenir des guerres. Ainsi la Suisse, la Belgique et d'autres peuples encore sont en dehors de cet état direct de guerre.

Notre projet n'en a pas moins d'utilité pour ces nations qui paraissent à l'abri de ce fléau ; car c'est une garantie d'existence pour elles d'abord ; de plus, elles souffrent de la guerre, dans leur commerce et dans leur budget ; et toutes se ruinent pour conserver leur situation militaire, aussi coûteuse que la guerre elle-même.

Dans cette répartition des membres élus par chaque nation, nous voyons que les représentants des petits États, vu leur nombre, établiront un contrepoids aux grandes puissances dans la majorité du Tribunal ; et c'est là un avantage sérieux ; car, grâce à leur diversité, ces petits États apporteront une garantie d'impartialité.

Les nations qui ne feraient pas partie de l'union, ne bénéficieraient pas moins du Tribunal et de son équité; mais on conçoit qu'elles auraient encore avantage à s'y faire représenter pour la discussion plus directe de leurs intérêts.

Avec tant de nations diverses, comment espérer que l'institution du Tribunal les réunira toutes, et qu'elles voudront sans exception en faire partie?

Il suffit de l'adhésion de trois ou quatre des plus grandes puissances pour entraîner les autres par leur exemple. Toutes, en effet, voudront contribuer à établir cet état pacifique qui marquerait un progrès dans la voie de la justice et de l'humanité.

La volonté de ces grandes puissances sera plus qu'une force morale : elle s'imposera nécessairement à toutes les autres.

Donc, tout d'abord, l'alliance de deux ou d'un plus grand nombre de nations suffit pour fonder la paix générale. Et quelle nation pourrait refuser un tel bienfait?

Une première objection se présente : comment les nations s'entendront-elles, ou consentiront-elles à accepter ce nombre variable de représentants?

Mais dans l'état actuel, l'inégalité existe déjà, et

d'autant plus sensible que pour se défendre, elles ont des forces militaires très différentes. De plus, leur intérêt les amènerait à accepter ce Tribunal qui serait une garantie d'existence et de stabilité pour chacune d'elles.

C'est une utopie, dira-t-on ? un pareil projet est irréalisable ! En vérité, il est trop facile de prétendre qu'une chose est impossible, sans donner de raisons à l'appui.

Au contraire, ce que nous proposons est conforme au principe appliqué déjà par différents États, tels que la fédération des États-Unis, celle de l'Allemagne, de la Suisse, de l'Autriche-Hongrie, etc.

Ainsi les *États-Unis* forment une République fédérale de plus de 50 millions d'habitants, composée de 38 États, ayant chacun ses lois et son gouvernement particulier, mais subordonnés pour les questions d'intérêts communs et de nationalité à un Congrès et à un président électif.

Plus de 50 millions d'Américains, c'est-à-dire un nombre égal à la sixième partie de la population européenne, en formant 38 États distincts s'associent donc pour une œuvre plus difficile peut-être que la nôtre.

A leur exemple, les autres peuples de l'univers, au nombre de 46, ne pourraient-ils pas s'entendre pour avoir un Tribunal international commun?

L'Europe, avec une vingtaine d'États seulement, resterait-elle insouciante ou incapable de former une Diète pacifique?

Il n'est pas permis de croire que les hommes se montreront aussi indifférents à une création si nécessaire. Cette création existe même aux États-Unis, où une Cour suprême fédérale juge toutes les contestations qui s'élèvent entre deux États ou un plus grand nombre.

L'empire d'*Allemagne* se compose de 26 États ou pays comprenant 45 millions d'habitants.

Ainsi il y a 3 villes libres, 4 monarchies, plusieurs grands-duchés et 6 principautés.

L'ensemble des divers États constitue un Empire fédéral. Les actes de gouvernement, enlevés au libre arbitre de chaque pays, sont communs pour les affaires militaires, les relations extérieures et ce qui s'y rapporte.

Le pouvoir exécutif appartient à l'Empereur, astreint: 1º au Conseil fédéral qui comprend 58 voix représentant les divers États, et à un parlement, le Reichstag, élu par le suffrage de tous les citoyens de la Confédération.

Ici, c'est une union de rois et de princes qui se gouvernent par une députation, et qui abdiquent leur pouvoir, sans y trouver l'avantage d'une paix assurée.

Cet exemple ne prouve-t-il pas que ce que nous proposons n'a rien d'impossible?

On aurait fait pour la guerre ce qu'on ne pourrait faire pour la paix !

De même, la *Suisse* est une fédération de 22 cantons, et chaque canton s'administre d'après sa constitution propre et ses coutumes.

Un gouvernement central règle les affaires communes; il se compose du Conseil fédéral, de l'Assemblée fédérale et du Conseil national.

Un *Tribunal fédéral*, faisant fonction de Haute Cour de justice est appelé à régler les différends des cantons entre eux.

C'est là, sous une forme restreinte, le rôle de notre Tribunal.

L'empire d'*Autriche-Hongrie*, d'environ 38 millions d'habitants, se compose de deux États de gouvernement distinct, mais ayant un ministère commun pour les affaires étrangères, la guerre et les finances.

La *République Argentine* est une fédération de 14 provinces; la *Colombie*, une république fédérale de 9 États; celle de *Venezuela*, de 19 États,

Enfin les États-Unis du *Mexique* se composent de 27 États et d'un territoire.

Il nous semble inutile de citer ici les statuts de ces Constitutions fédérales; mais ce que nous voulons réaliser est conforme en principe à ces réunions d'États qui se groupent dans un intérêt commun.

D'ailleurs, dans tous les pays constitutionnels ne voit-on pas les provinces représentées par une Chambre élective?

Les lois n'ont-elles pas ce caractère de généralité?

C'est donc une *union pacifique* que nous voulons établir entre tous les peuples, en leur laissant l'indépendance dans tout ce qui concerne leur liberté d'action, excepté la possibilité de se nuire entre eux.

───────

Mais revenons à l'organisation particulière de notre *Tribunal* : ce Tribunal, d'après nos calculs, serait composé de 112 juges ; mais qu'on en mette 200 ou 300, s'il le faut, pour que toute nation soit représentée convenablement, qu'importe! Il vaut mieux 300 juges que dix millions de soldats! (*)

Ce nombre une fois fixé, toutes les nations devront l'accepter : ce sera le seul témoignage de bon vouloir qui leur sera demandé dans l'intérêt général.

Pour déterminer ce nombre d'une façon équitable, il nous faut tenir compte de certaines considérations : il est reconnu en principe que toute nation est une personne morale; la Chine représente une individualité comme la Suisse ou la Belgique; par suite, on ne peut accorder 75 représentants à la Chine, contre 1 seul à la Belgique, en se réglant uniquement sur leur population, les droits de l'une et de l'autre nation étant les mêmes : de là une compensation à établir entre la population relative et l'égalité de droits.

En tenant compte de toutes ces considérations,

______

(*) Toutefois il faudra éviter de mettre beaucoup de juges dans le Tribunal, le trop grand nombre pouvant être une cause de trouble dans la discussion ou de division en groupes.

Cependant, un nombre assez élevé de voix est une garantie d'équité : il y a là deux conditions différentes qu'il faudra concilier.

nous pensons que la proportion établie d'après notre tableau est juste, qu'elle répond aux intérêts de tous et de chacun en particulier (note 4 A).

Nous avons donné une classification, nous la croyons bonne : on la vérifiera.

Dans tous les cas, si une nation se croit, à tort ou à raison, lésée par cette répartition, il lui est facile d'apprécier qu'elle gagne, et de beaucoup, à ce nouvel état de choses; qu'il est peu important pour elle d'avoir nominalement un ou plusieurs représentants directs dans ce Tribunal, puisque les individualités s'effacent devant le grand nombre.

Tout considéré, elle fera bien de se conformer à la décision prise ultérieurement à son égard.

Nous émettons aussi cette idée, à laquelle nous attachons une grande importance, qu'on pourrait d'abord réunir les représentants conformément à notre tableau, et donner à ceux-ci comme mandat, de décider le nombre de juges à élire officiellement, et de déterminer les bases de cette élection. Cela éliminerait toutes les difficultés et toutes les réclamations.

Ces juges pourront être nommés suivant le régime politique de chaque nation : les uns par leur souverain, les autres par leur Chambre élective, ou bien par le peuple.

Nous croyons le mode d'élection indifférent ; la qualité représentative demeurera toujours la même.

L'important, c'est qu'il y ait un nombre de membres suffisant pour établir la proportion, l'équité et la défense des droits respectifs.

Chaque nation pourrait choisir ses spécialistes les plus distingués, si elle ne les prenait au concours (*).

On envoie bien des ambassadeurs, des chargés d'affaires et des consuls dans toutes les parties du monde, et chaque nation en a chez toutes les autres. Il serait aussi facile d'avoir 2 ou 5 représentants comme juges dans le pays où siégera le Tribunal.

Notre Tribunal une fois constitué, il y aura délibération et discussion des membres entre eux comme dans une Chambre (**).

Un compte rendu des séances sera publié dans tous les pays.

(*) Nous préférerions voir adopter l'usage général du concours pour l'élection des juges dans tous les pays ; on s'assurerait plus de capacités sans aucun privilège.

(**) Les séances ne devront pas être publiques, et même si les débats avaient avantage à être tenus secrets, les sentences seules seraient publiées.

Dans le recours au Tribunal, les réclamations et les poursuites ne pourront être faites que par les gouvernements (*).

Et toute décision sera rendue à la majorité des voix (**).

Par leur nombre, les juges formeront un véritable Jury international (***).

Le Tribunal ne s'appuiera pas sur une force armée, mais seulement sur la parole donnée par serment et la bonne foi des gouvernements engagés (note 5).

Nous indiquerons plus loin comment les décisions seront exécutées.

Ce Tribunal n'aura à juger que les questions internationales; il ne devra s'immiscer dans les affaires intérieures d'aucun État : c'est là un principe de liberté absolue.

(*) Ou bien par l'intermédiaire de leurs représentants au Tribunal.

Il y aura donc à étudier les rapports entre les juges et leurs gouvernements : ces juges seront-ils les avocats de ces gouvernements ou indépendants?

Les juges recevront-ils des pétitions des gouvernements?

Nous avons tranché cette question dans le sens que nous avons cru le meilleur. On l'étudiera de nouveau et on en modifiera la solution s'il y a lieu.

(**) Se reporter à l'organisation du Tribunal dans l'article *Code*.

(***) On étudiera également si l'on doit ajouter l'institution d'un Jury international privé, pour certains cas; cette mesure serait peut-être plus juste.

Il sera le souverain arbitre de tous les différends entre peuples.

Il aura un pouvoir délibératif, et exécutif seulement pour ses sentences; il sera juge et n'aura pas d'initiative à prendre.

Il se guidera sur le *Code* international, et substituera le droit légal à l'arbitraire uni à la force.

Il deviendra par là une protection mutuelle contre la guerre.

Ce Tribunal pourra facilement être établi et fonctionner dans des conditions déterminées, puisqu'il existe déjà un corps de doctrine dans l'ancien droit des gens et la diplomatie. Et il peut commencer les délibérations sans être complet : quel que soit le nombre de ses membres, il a pouvoir juridique; il peut donc entrer en fonction dès le commencement.

Un tel Tribunal n'est possible qu'autant qu'il garantit la justice des sentences, et non qu'il sert le caprice ou la politique d'une diplomatie; et cela n'est réalisable qu'avec un *Code* comme ceux qui existent pour la justice civile; c'est un point important : les juges décideront selon le *Code*, et non d'après leurs intérêts ou leurs passions.

Donc le *Code* est la première chose à faire. Notre

programme se trouve ainsi tout tracé : Nommer des publicistes pour un Comité, élaborer un Code et unir nos efforts pour le faire adopter.

Tout cela est simple pour nous, et le deviendra bientôt pour tous, nous l'espérons.

Il sera donc facile d'établir ce Tribunal, dans lequel la voix du représentant d'un grand nombre d'habitants n'aura pas plus d'autorité que celle du juge qui en représentera un nombre inférieur; mais elles trouveront dans la majorité de toutes les autres voix une garantie pour la justice de leur cause.

Pour mieux assurer leur indépendance, ces juges seront payés, non par leur gouvernement respectif, mais par une caisse générale dans laquelle chaque peuple versera, pour les frais communs, une somme proportionnée au nombre de ses représentants. Ce sera un impôt de paix bien faible, comparé aux budgets militaires et bien différent en résultats. Ce ne sera pas même une charge, mais une sorte d'assurance : cet impôt ayant pour objet de faire respecter leurs droits.

Dans la pratique, pour la défense de ces droits, nous aurons recours à la diplomatie, ce qui nous amène à étudier ses attributions : il n'y aura qu'à compléter le rôle de cette diplomatie; car ce qui est fait, paraît être prédestiné à notre but, et nous nous demandons comment la guerre pouvait coexister avec cet état de choses : d'un côté la justice et le respect des lois, de l'autre la violence et la guerre.

Les ambassadeurs, les diplomates et les consuls dans chaque pays seront, en quelque sorte, les correspondants naturels du Tribunal, chargés de contrôler les actes, les attentats et les crimes, qu'ils pourront déférer au Tribunal soit directement, soit par l'intermédiaire de leur gouvernement comme aujourd'hui.

Nous conservons donc les mêmes diplomates, les mêmes chargés d'affaires et les mêmes consuls qui existent aujourd'hui, en étendant seulement leurs attributions (note 6).

Grâce à cette organisation nouvelle, si les peuples qui auront acquiescé au régime de notre Tribunal sont les seuls à donner une garantie de paix entre eux, eux seuls aussi profiteront entièrement de la sécurité que leur offrira cette union contre toute agression.

Les petits États comme les grandes nations auront les mêmes droits indistinctement à la justice de tous, et aucune action personnelle ou commune n'échappera à la sanction du Tribunal ; elle sera soumise à la loi.

On devra laisser une police suffisante pour assurer l'ordre et la sécurité des gouvernements; mais, dans aucun cas, ces forces ne devront servir à une action extérieure (*).

Les nations seront libres de régler à l'amiable entre elles tous leurs désaccords; si elles ne peuvent s'entendre, elles en appelleront au Tribunal.

Du reste, le *Code* pourra fixer leurs droits et aussi leurs devoirs.

Dans l'étude de ce problème, nous avons eu à examiner s'il valait mieux mettre l'Europe seule ou faire entrer le monde entier dans ce projet.

L'Europe unie qu'a-t-elle à craindre? Qui pourrait essayer de la combattre (**)?

(*) Toutefois la police de chaque nation devra faire les poursuites qui lui seront commandées au nom du Tribunal.

(**) Mais l'Europe unie et coalisée pourrait être une menace et aussi vouloir imposer ses décisions aux autres contrées.

S'il y a quelque difficulté à rendre le Tribunal universel, qui empêche de le faire européen seulement? l'Amérique pourrait en créer un autre, l'Asie aussi, etc., lesquels enverraient tous des délégués.

Ou bien chacun de ces 3 ou 4 grands Tribunaux indépendants pourraient nommer 10, 15 ou 25 membres, par exemple, pour constituer un *congrès* formant comme une cour de cassation.

C'est une nouvelle solution, mais nous préférons un seul et unique Tribunal.

Enfin, si l'Europe se mettait en fédération comme les États-Unis cela vaudrait bien mieux encore que la guerre.

Cependant il vaut mieux, au nom même de la justice, unir toutes les nations.

Et si nous n'avons pas appliqué notre projet à l'Europe seulement, comme tous ceux qui ont été présentés jusqu'à ce jour, mais bien à tout l'univers, c'est d'abord : parce qu'aujourd'hui avec les facilités de relations entre les diverses contrées, des discordes éventuelles peuvent amener de grandes perturbations ; ensuite qu'il est logique d'appliquer à tous ce principe si moral ; le restreindre ce serait le dénaturer.

Et puis, il n'est pas plus difficile à rendre universel qu'européen : il devient même plus praticable ; car il serait presque impossible de faire discuter et juger leurs litiges par les seuls représentants des États européens, nécessairement intéressés, tandis que le grand nombre de juges est une garantie d'équité.

Nous assurons ainsi une paix non pas éphémère, mais durable, dont nous n'avons pas à rappeler les avantages ; ce serait une ère nouvelle de bonheur, parce qu'il n'y aurait plus de crainte ni de rivalité comme dans l'état actuel.

Tout conflit serait prévenu par le *Code international*, dont nous allons donner une idée générale.

TROISIÈME PARTIE

Esquisse d'un Code international

« Paix, Justice et Humanité. »

La préparation d'un *Code international* ou *cosmo-politique* appartiendrait de droit à l'assemblée des représentants des nations (*); mais, à son défaut, comme nous l'avons dit, c'est le comité d'étude qui en prendra l'initiative.

Ou bien nous proposerons un concours pour la rédaction de ce Code.

Ce concours serait alors jugé par le Comité. On pourrait ainsi profiter de toutes les idées que l'on trouverait dans l'œuvre de chaque concurrent.

Dans tous les cas, ce Code devra être ratifié par le Tribunal.

Cette tâche d'un *Code* international sera rendue facile par le *droit des gens* qui existe déjà, et par lequel presque toutes les questions se trouvent ré-

______

(*) Voyez note 10, et celle au bas de la page 113.

glées ; il ne reste que la guerre, qui est souvent la violation de ces droits ; or il est facile de juger les causes qui la produisent, et par cela même, d'établir les quelques lois qui la rendraient impossible.

On appliquera donc les lois du droit public externe en usage pour le commerce et pour toutes les autres relations pacifiques.

De même ce *Code* se simplifiera, en conservant la juridiction de chaque peuple pour établir la nationalité, l'absence des citoyens, comme aussi pour appliquer les lois civiles, commerciales et pénales aux étrangers aussi bien qu'aux nationaux.

Par suite, les droits et les devoirs des étrangers dans chaque pays resteront à peu près les mêmes qu'aujourd'hui.

Il n'y aura à créer d'autres lois, que pour régler les rapports de peuple à peuple, conséquences nécessaires de l'état de paix établi.

On étudiera l'histoire contemporaine pour tous les différends qui se sont présentés, et des lois seront rédigées pour les régler équitablement dans l'avenir.

On devra mettre au commencement de ce *Code*, les articles préliminaires établissant les conditions du pacte, la nomination des juges, leur pouvoir, la réglementation du Tribunal, ses fonctions, et formuler les idées émises dans le chapitre précédent du Tribunal.

Puis, faire une déclaration des *droits des nations* analogue à celle des droits de l'homme de 1791 (note 7).

On établira comme bases la *Justice*, la *Morale* et le *Droit*, sans distinction de religion ou de nationalité entre les hommes.

Le nom d'*ennemi* sera effacé du Code des nations.

On ne se contentera pas d'exposer que les peuples se doivent mutuellement le respect, la justice et l'aide réciproques prescrits par la loi naturelle, mais des lois nouvelles régleront l'application de ces préceptes.

Ainsi, on inscrira que la guerre est un crime ; que toute prise d'armes, tout emploi de la force est interdit comme criminel.

On présentera aussi les réformes suivantes :

Le service militaire et les armées seront abolis.

Une garde civique, dont le nombre sera fixé par la loi, sur la base de *1* ou *2* sur mille habitants, sera autorisée pour la sécurité intérieure de chaque commune (*).

L'indépendance naturelle des nations étant un fait reconnu, il faudra y ajouter le principe de la souveraineté de toutes sur chacune.

Les peuples seront égaux devant la loi, quelles que soient leur importance ou leur représentation.

Leur religion et leurs droits seront respectés, et chaque peuple en jouira, à la condition de respecter également les droits des autres.

La liberté de tous sera garantie, nul ne pouvant être incriminé ni jugé que conformément aux lois.

Aucune puissance n'aura le droit d'attenter à la liberté ou à la propriété d'aucune autre nation, ni de s'ingérer dans ses affaires intérieures.

Toutes les propriétés aussi bien nationales que privées seront inviolables.

Tous les traités devront être publiés.

Enfin, il n'y aura plus d'alliance défensive ni offensive (**).

(*) A Paris, il y a 5,000 gardiens de la paix.

(**) Consultez le livre de L. Barra « *La science de la paix* » (Sandoz, Paris 1872). On pourra s'en inspirer pour rédiger le Code.

Des Juges.

Voici les conditions concernant les juges appelés à siéger au Tribunal :

Nul ne pourra être juge au-dessous de 30 ans.

Ne pourront être membres du Tribunal les souverains, les princes, les ministres ou représentants d'une nation dans un Sénat ou dans une Chambre.

Les juges n'auront de pouvoir qu'en tant que juges, sans jouir d'aucun privilège dans leur pays.

Dès qu'un membre sera élu, son caractère de représentant officiel d'une nation disparaîtra devant sa qualité de magistrat international ; ce sera un juge indépendant, sans attache personnelle ; car dans un tribunal il n'y a plus d'intérêt privé.

Aucun juge ne pourra être accusé ou condamné, en aucun temps, pour les opinions qu'il aura émises, au sein du Tribunal, sur les nations ou sur les actes d'un gouvernement.

Il ne relèvera que du président du Tribunal, qui pourra prononcer la censure ou l'exclusion temporaire, pour certains délits prévus, comme menaces, insultes, etc.

Tout juge sera nommé à vie, sans révocation possible, sauf pour crime de droit commun jugé tel par le Tribunal.

La personne des juges sera inviolable.

Un membre du Tribunal, convaincu de forfaiture ou d'entente avec un gouvernement, sera poursuivi par la loi avec autorisation du Tribunal.

Tout juge sera tenu de faire acte de présence, et il ne pourra s'abstenir de voter sauf le cas de force majeure.

Les juges devront jurer de respecter les lois du Code international, et au nom de leur nation prêter serment de fidélité à ce pacte de paix.

Ils pourront exiger des témoignages et faire appeler à leur barre ; mais ils ne pourront demander que par écrit la déposition des ministres, des princes et d'autres gouvernants.

La durée des débats et la police du Tribunal seront soumises à un règlement voté par tous les membres.

Le Code établira et spécifiera la nature et la poursuite des délits.

L'instruction d'une affaire aura lieu par commission tirée au sort.

Les sentences seront exécutoires après promulgation faite aux gouvernements, dans le délai fixé pour chacune d'elles.

En cas d'erreur matérielle reconnue, le Tribunal pourra, à la majorité de ses membres, en rappeler lui-même de ses propres décisions.

Le Tribunal sera appelé à juger les crimes de haute trahison contre lui-même ou les attentats à la sûreté générale, les armements, les menaces, les insultes graves à un gouvernement ou à un peuple, enfin, tous les délits stipulés plus loin ou définis par la loi.

Il jugera sans appel, et en dernier ressort, tous les différends et toutes les causes qui amèneront une réclamation ou feront le sujet d'une plainte.

Dans certains cas particuliers, le Tribunal pourra aussi prendre un rôle consultatif auprès des gouvernements ; ce serait, le plus souvent, le moyen d'éviter les différends qui peuvent survenir.

Un président annuel et des vice-présidents seront nommés à la majorité des voix.

Un vote décidera de la langue qui devra être adoptée par le Tribunal pour ses décisions, et, en cas de nécessité, on pourra instituer des interprètes.

Sa résidence pourra être fixée au sort ou plutôt au vote.

Enfin, on l'appellera *Grand Tribunal, Conseil des nations* ou *Sénat international,* la qualification est indifférente.

———

Pour mieux faire comprendre quel sera le rôle de ce Tribunal ainsi élu, examinons quelques-uns des délits qui seront soumis à sa juridiction.

Toute insulte grave à une nation amènera un jugement du Tribunal ; de plus, l'indemnité ou les excuses exigées devront être telles, que la nation insultée y trouvera satisfaction ; autrement, certains affronts commis impunément donneraient naissance à des haines continuelles.

Pour tout délit ayant même un caractère personnel, mais émanant d'un souverain, d'un membre ou d'un représentant de gouvernement (s'il n'est pas désavoué), on condamnera le pays, en le rendant garant, et il lui faudra ou payer une forte amende, ou faire une réparation.

Ainsi les souverains et les gouvernements seront moralement responsables devant leur peuple, des fautes commises par eux et des indemnités exigées.

On ne pourra arrêter, ni faire emprisonner ces personnages officiels.

Tout gouvernement condamné par le Tribunal sera tenu de se soumettre, et le peuple intéressé devra respecter cette sentence.

Il faudra surtout éviter de donner dans les lois nouvelles du Code, des dispositions blessantes pour les peuples ou pour les gouvernements, même coupables.

Pour une offense commise par un étranger envers la personne d'un roi, le coupable sera puni comme le serait un sujet de ce roi (*).

En cas d'insulte envers les membres du Tribunal, on appliquerait le maximum des peines comme insulte privée.

Tout condamné exerçant une fonction publique pourra être privé de ses privilèges.

Pour les délits de presse comme menaces, provocations à la guerre, à la révolte, appel aux armes, attaques au Tribunal, à son honneur ou à ses membres, on appliquera les lois pénales propres à chaque nation, pour excitation à la haine des citoyens les uns contre les autres.

(*) Ainsi, en France, on appliquerait un des articles 86, 87, 88, 89 ou 90 du Code pénal.

Il faudra insister sur le respect mutuel, garantie de bons rapports entre les peuples.

On sévira également pour tout compte rendu inexact ou de mauvaise foi.

Le duel sera interdit entre les dignitaires, comme entre les particuliers de nationalité différente, et les délinquants seront condamnés à la prison.

Les délits ne seront pas jugés d'une façon invariable; mais les peines seront appliquées aux coupables suivant la loi de chaque nation, conformément à l'usage et aux principes d'équité. Il serait inutile de chercher à établir de nouvelles lois pour rendre uniforme la pénalité des délits. Cette communauté n'existera que pour les relations générales de peuple à peuple : là, il y aura égalité absolue, et c'est le point important.

Tout différend sur une question douteuse, tout débat touchant à l'honneur devra être présenté par les gouvernements intéressés au Tribunal, qui le jugera.

De même, tout délit qui n'aura pas été prévu dans le Code, sera l'objet d'un arbitrage et sera jugé d'après les lois applicables à des faits analogues.

Plus d'injustices, plus de représailles ni de personnes lésées : les délits privés sont jugés par les lois du pays où ils sont commis.

Les questions restent individuelles de particulier à particulier, sans qu'on puisse y faire entrer de considérations de nationalité ni de point d'honneur national ; on évitera ainsi toute fausse susceptibilité.

Pour les cas d'expulsion d'étrangers, les conventions actuelles entre les États sont maintenues.

On suivra aussi dans le droit international d'aujourd'hui, les lois réglant les droits des étrangers, les usages entre les peuples, les rapports consulaires et de diplomatie, les règlements pour les traités, etc.

On conservera aussi aux consuls le pouvoir qu'ils ont de trancher certains litiges.

Les consuls, tels qu'ils existent, seront comme des juges de paix internationaux.

On changera donc le moins possible toute la législation actuelle ; seulement, elle sera appropriée aux conditions nouvelles de paix.

En résumé :

Pour l'insulte venant d'un gouvernement ou de son représentant, l'*État* est responsable ; venant d'un particulier, c'est un délit personnel ; d'un particulier à un juge, le fait est plus grave, mais conserve son caractère personnel.

Pour les délits de presse et les insultes, on appliquera la loi comme si le délit était commis envers le gouvernement de l'accusé.

Les principes généraux relatifs aux rapports de nation à nation en temps de paix seront confirmés (*).

La liberté la plus grande sera laissée pour le commerce et les droits privés. (**).

(*) Cependant le droit de premier occupant sera assujetti à l'acceptation du Tribunal.

La prescription et l'abandon devront être autorisés.

Pour la préséance et les honneurs à rendre aux nations et à leurs représentants, les usages adoptés seront suivis, mais modifiés selon l'importance de la représentation au Tribunal.

Il faudra aussi admettre un principe déjà reconnu par le bon sens des peuples : c'est qu'on ne peut appeler pour gouverner une nation un roi ou un prince étranger; la première condition exigée d'un souverain serait d'être citoyen du pays qu'il est appelé à gouverner. Cette règle eût évité bien des guerres comme celles d'intervention et de succession; on prendrait aussi pour loi, qu'une nation ne se donne pas comme un bien personnel, sans son assentiment. Un peuple n'appartient pas au souverain, mais bien celui-ci à son peuple.

(**) Sauf pour quelques questions de navigation, d'extradition, de capitulations, de traités de commerce et autres à modifier s'il y a lieu.

On maintiendra les traités existants de commerce, de droits, de tarifs et autres en y introduisant les changements indispensables (*).

Enfin on remplacera l'état de nature et de barbarie employant la violence et la guerre, par des lois justes, conformes à l'esprit d'humanité et de progrès.

Les peuples pourront s'unir comme aussi se séparer, par vote d'un commun accord, mais toujours avec l'adhésion du Tribunal.

Ainsi on ne pourra faire échange, don ou acquisition d'un territoire ou d'un pays sans le consentement préalable des autres puissances représentées par le Tribunal.

Mais une portion de territoire pourra-t-elle se déclarer indépendante, et s'isoler de sa nation mère, pour former une république ou un gouvernement à part?

Ce serait une question qui tomberait sous l'organisation intérieure, par conséquent en dehors de l'intervention du Tribunal. (Note 8. A.)

(*) Cependant il faut réserver pour plus tard, la suprême décision du Tribunal, s'il y a utilité ou nécessité, par exemple, pour généraliser les garanties réciproques de la propriété des œuvres littéraires, scientifiques et artistiques.

Aucune réclamation devant le Tribunal ne pourra rester sans jugement ; la demande et le jugement seront rendus publics.

Les amendes pour les contraventions aux lois seront-elles toujours égales pour toutes les nations, pour l'Angleterre, par exemple, comme pour la Suisse ?

On pourrait peut-être, pour certains cas, établir comme règle, que ces amendes pourront varier en raison directe du nombre de juges de ces nations : cela établirait un contrepoids à l'avantage qu'elles trouvent dans une plus large représentation (*).

Mais si une nation avait un intérêt commercial ou de toute autre nature à enfreindre une loi en payant l'amende, que ferait-on ?

Cette violation ne serait pas tolérée, et l'on devrait obliger au respect de la loi, ou élever proportionnellement l'amende : une amende fixe, par suite, ne peut être établie que pour des cas formels ou de droit commun.

Il y aura également à examiner si, dans la ré-

____

(*) Par exemple tout délit qui entraîne une année de prison pour les particuliers, s'il est commis par un gouvernement pourrait être puni d'une amende de 10 millions par chaque membre représentant de cette nation ; c'est une question à étudier et un chiffre à fixer.

pression des délits, le Tribunal pourra recourir aux droits de prise et à la confiscation des biens.

Les amendes infligées alimenteront une Caisse générale, dont le montant pourra être réparti proportionnellement entre toutes les nations, pour leurs pauvres, ou comme secours dans les calamités publiques.

De cette façon, on tirera encore un bienfait de cette institution.

Dans les jugements rendus contre les nations, les indemnités seront rares. Il n'y en aura que pour les abus.

Les indemnités en argent, du reste, sont déjà en usage aujourd'hui, mais on ne verra plus, comme après la guerre de 1870, une nation contrainte de payer cinq milliards (*).

Dans les cas les plus graves, comme la révolte ou une prise d'armes, la sentence la plus sévère serait la suppression de toutes relations avec le peuple coupable. Dans les conditions actuelles, une nation ainsi isolée et privée de toutes les commu-

---

(*) Pour l'Alabama on a donné 80 millions d'indemnité. En août 1872 la Chine nous payait 2 millions d'indemnité pour le massacre de Tien-Tsin. — Le même mois, l'Allemagne réclamait au bey de Tunis 15 millions dus à ses nationaux, etc.

nications nécessaires à ses besoins et à ses intérêts, serait bientôt réduite.

Ce mode de répression serait une grande force pour le Tribunal.

Il n'y aura pas de droit de grâce pour les jugements du Tribunal; mais pour les faits particuliers soumis aux tribunaux ordinaires qui auront un caractère international, le Tribunal pourra intervenir pour faire grâce ou pour annuler la sentence.

D'autre part, on limitera l'usage et la fabrication de toutes espèces d'armes aux besoins de la police et de la chasse.

Enfin le Code nouveau n'aura pas d'effet rétroactif.

On trouvera dans la note 9, quelques lois concernant le *droit international public et privé*, pour donner un aperçu de la façon dont seront rédigés certains articles de ce Code (*).

Mais on devra créer de nouvelles lois pour toute question du ressort du Tribunal, qui ne serait pas

---

(*) Nous pensons qu'il serait préférable de diviser ce Code en plusieurs parties comme Code de procédure, Code pénal, Code de commerce et Code civil, au lieu de suivre l'ordre ordinaire des matières sur le droit international. En rédigeant le Code de la façon que nous indiquons, on y gagnerait en clarté.

réglée encore par l'ancien droit international, ou qui ne se trouverait pas assujettie à la juridiction particulière des nations.

Voilà quelques données : nous ne les avons pas formulées en lois, puisqu'elles feront l'objet d'un travail spécial, que des hommes plus expérimentés et plus compétents que nous peuvent seuls mener à bonne fin.

La rédaction du Code sera l'œuvre des jurisconsultes.

Des Colonies.

La question des colonies se présente ici comme incidente à notre programme, lequel n'a pour but que la paix. Nous la traiterons seulement pour la rattacher au plan général de notre projet, dans lequel elle joue un rôle secondaire, malgré son importance.

Sans examiner, comme l'a fait J.-J. Rousseau (*), le droit du domaine réel, du premier occupant et

---

(*) Livre I, chapitre IX du *Contrat Social*.

des conditions qui légitiment ce droit, nous prendrons dans l'état actuel des peuples, leur territoire et leurs possessions comme faits acquis, non pas d'une façon irrévocable, mais sans revendications intempestives. Ce sera l'œuvre de l'avenir d'établir des modifications, s'il y a lieu ; et, nous avons l'assurance qu'elles se feront légitimement, au point de vue du droit, de la justice et de la sanction internationale.

Donc, pour le moment, pas de question ni de changement politique ; évitons toute discussion inutile ou passionnée en acceptant les choses actuelles comme reconnues.

Mais la possession des colonies est-elle juste ?

Nous n'avons pas ici à décider cette question ; dans tous les cas, il n'y a aucun inconvénient à reconnaître les faits accomplis, d'autant plus que ces colonies peuvent espérer un jour leur indépendance.

Du reste, ce sont des questions qui intéressent chaque gouvernement ; le Tribunal ne pourrait intervenir que comme arbitre ou d'une façon amicale.

Ainsi donc, ce *statu quo* n'est pas définitif ; car, empêcher les peuples de modifier leur gouvernement ou l'organisation de leurs colonies, ce serait empiéter sur leur liberté.

La seule restriction à cette liberté est qu'ils ne doivent en rien entraver celle des autres et nuire à leurs intérêts.

Le rôle du Tribunal dans ce cas, se borne à contrôler : par suite, il lui est réservé un droit de veto légitime, si ces changements offraient un danger public.

Toutes les transformations sont possibles, et nous affirmons que toutes seront bonnes et justes, dès qu'elles obtiendront la majorité des suffrages.

Dans ces conditions, la conquête existera encore, mais une conquête pacifique, par la science, le commerce et tous les bienfaits de la civilisation.

Mais, plus de protectorats nouveaux sans l'autorisation du Tribunal.

Notre révolution française avait établi un principe qui malheureusement n'a pas prévalu; c'est que les peuples ne peuvent passer sous une domination étrangère sans leur consentement exprimé librement.

Ni deux nations s'unir, sans leur volonté réciproque manifestée par un vote.

Ainsi, pour l'annexion de la Savoie à la France, ce pays fut consulté et appelé à voter; le roi Victor-Emmanuel ne signa même le traité de cession qu'en réservant l'adhésion du parlement et le vote des populations (juin 1860).

Cet exemple ne peut-il pas être suivi dans l'avenir ?

Le meilleur moyen, le seul peut-être légitime pour déterminer la nationalité d'un pays, c'est le vote libre de ses habitants.

De même, toute nation pourrait se modifier, s'unir ou se séparer dans l'intérêt du progrès ou de la civilisation. Ces changements ne pourraient porter ombrage à personne. Ces cas, du reste, ne se présenteraient que rarement et seulement pour les petits États.

Les colonies de chaque peuple seront soumises aux mêmes lois internationales et à la même police intérieure que leur métropole.

On ne pourra y intervenir que pour les questions du ressort du Tribunal.

Il sera aussi défendu d'appeler des volontaires étrangers pour l'ordre intérieur.

Pour que la paix soit assurée définitivement, il faut que tous les intérêts soient sauvegardés. Or, comment y arriverait-on, si l'on ne permettait les réformes nécessaires ?

Enfin, établissons d'abord le bienfait de la paix, les conséquences qui viendront plus tard, ne pourront qu'y gagner.

On trouvera dans la note 8 (B et C) quelques développements sur ce sujet.

La Conférence de Berlin relative au Congo (1885) a prouvé que les questions coloniales peuvent se traiter pacifiquement, comme nous le disons (*).

(*) Le traité qui en a été la conséquence, stipule la condition de recourir à la médiation d'une ou de plusieurs nations en cas de contestations entre les puissances contractantes.

Rappelons aussi, qu'en ce moment, un traité d'arbitrage est proposé par la Suisse aux États-Unis.

QUATRIÈME PARTIE

Conséquences.

« La paix est la condition du progrès. »

Plus de questions d'équilibre : le pondérateur sera le Tribunal ; plus de crainte ni de rivalité politique, plus de haine, peut-être ?

S'il y a une rivalité commerciale, ce sera une sorte d'émulation analogue à la lutte scientifique pour les progrès intellectuels et moraux.

De là, une grande facilité pour la paix générale.

Ce projet s'adapte, qu'on le remarque, aussi bien au régime monarchique qu'au mode républicain ; le despotisme et la confédération trouvent également un même intérêt dans ce Tribunal qui n'apporte aucune entrave à leur état politique.

Et, quelle différence de solution entre le jugement pacifique d'une assemblée impartiale, et le sort aveugle des armes qui favorise trop souvent, non pas le parti le plus juste, mais le plus fort.

N'est-il pas plus équitable aussi que les difficultés surgissant entre les nations soient résolues par un Tribunal compétent, plutôt que par la volonté arbitraire des princes ?

Les nations n'ont rien trouvé de mieux pour défendre leurs droits, que de recourir à la violence ; quel étrange moyen de résoudre les questions !

Le *droit des gens* reconnaît le droit de tuer légalement des hommes et d'aller porter la ruine chez des peuples voisins !

Substituer la civilisation à la barbarie, l'humanité à la violence, la prospérité à la ruine : voilà ce que nous souhaitons, voilà ce que notre projet peut réaliser.

Par cette institution, nous obtenons une assemblée qui est à la fois une Chambre représentative et un Tribunal, qui même présente les avantages réunis de l'un et de l'autre.

C'est aussi une sorte d'aréopage civilisateur ; car, ses arrêts, touchant aux intérêts généraux, pourront être féconds en progrès.

Dans toutes les nations civilisées, il existe un parlement, où les représentants discutent et défendent les intérêts des citoyens ; or, il manquerait un couronnement à cet édifice, si l'on ne créait une assemblée, où les représentants de tous les peuples viendront soutenir les intérêts généraux, et où la voix des grands humanitaires se fera entendre pour affirmer la justice et la morale qui ne seront plus de vains mots pour les nations.

Sous ce nouveau régime, les rois vivront entre eux individuellement, aussi bien d'accord qu'aujourd'hui, grâce aux avantages qu'ils retireront de leurs bons rapports dans les échanges et le commerce; donc, il ne faut pas croire que notre Tribunal doive être appelé à juger des difficultés sans précédent et lors même qu'il s'en présenterait, leur solution pacifique ne vaudrait-elle pas beaucoup mieux que la solution par les armes et la guerre?

Aucun roi, empereur ou prince, n'aura le droit d'intervenir auprès du Tribunal, le jugement des difficultés entre nations restant la prérogative exclusive de la justice internationale.

Il n'y a pas là, affaiblissement pour un roi, ni empiètement sur ses attributions ni sur ses droits particuliers; car ce Tribunal remplace entre les peuples, au même titre et pour les mêmes raisons, les tribunaux qui existent pour les citoyens de chaque pays.

Donc, ni les rois, ni les gouvernements n'auront le droit de contrôler, de critiquer ni de mettre en suspicion les jugements rendus par le Tribunal pour des faits internationaux, relativement à leurs propres différends ou à des différends entre d'autres peuples.

Ces lois reconnues par tous, vu leur caractère de justice absolue, ne peuvent blesser aucun d'eux, et c'est là leur mérite.

Une nation a-t-elle un différend particulier avec une autre ?

Est-ce une question qui intéresse toute l'humanité?

Dans les deux cas, le jugement arbitral est celui du droit et le plus équitable. Aucune des parties n'a donc intérêt à préférer les hasards de la guerre.

Tout ceci peut paraître fort simple et cependant a une grande importance.

D'autre part, dès qu'un gouvernement aura opté pour la paix en envoyant ses représentants au Tribunal, il pourra désarmer; car dès lors, il y aura entre lui et tous les contractants, solidarité garantie par le Tribunal.

Toutefois, au début de cette ère nouvelle, le désarmement général n'aura lieu que lorsque l'état de paix sera assuré; car le licenciement ne pourra se faire que graduellement et la confiance une fois bien établie. C'était là l'erreur de tous ceux qui ont demandé jusqu'ici le désarmement simultané ; comme rien ne garantissait la paix, les gouvernements redoutaient cette innovation ; tandis que dans notre projet, l'existence même du Tribunal qui précède ce désarmement, est un gage assuré de sécurité. Dès lors, nulle crainte n'existant plus, les gouvernements ne mettront plus d'entraves.

Nous ne sommes pas assez imprudent pour conseiller de désarmer en face de l'Europe sur le pied de guerre, mais nous proposons de travailler à la pacification générale et de suivre une politique de paix, tout en conservant provisoirement les troupes dans leur état actuel.

Nous reprenons :

Les États pourront, comme par le passé, faire toutes les transactions, traités particuliers, de commerce, etc., à la condition d'en référer au Tribunal, si une nation trouvait ses intérêts lésés.

Mais, pour éviter toutes réclamations inopportunes, les nations auront pour règles de conduite des lois, où leurs droits seront expliqués et qu'elles n'auront qu'à suivre.

Contrairement à l'ancienne politique, notre programme est franc, loyal, il dit nettement ce qu'il propose :

La substitution de la loi et de la justice, à la guerre et aux conquêtes, et, grâce à la paix, l'établissement de l'équilibre parmi les nations, en même temps que la réforme de leur budget.

En dehors de la guerre et des causes qui pourraient la produire, il se présente journellement dans chaque nation, des incidents avec les pays étrangers ; ces questions exigent aujourd'hui des solutions arbitrales, ou motivent des conférences, des réunions et des congrès de diplomates ; par notre institution, nous réglons ces questions aussi bien que les *casus belli*.

Donc, ici encore, notre projet répond à ce besoin.

Tous les événements contemporains nous prouvent combien l'état actuel est défectueux, et comment il est possible d'arriver à une solution pacifique de tous les conflits.

Tout différend peut se régler par un arbitrage ; à plus forte raison, un Tribunal peut résoudre toutes les questions, quand il y a des lois et un Code.

Car, remarquez qu'il serait impossible de rendre

la justice civile sans Code; de même tout jugement entre les peuples ne peut être équitable, qu'avec l'existence de lois internationales; et ce Tribunal seul est juste, car il n'y a d'impartial qu'une justice acceptée de tous et rendant ses arrêts au nom de toutes les nations.

Dans chaque pays, il y a une juridiction établie pour régler tout différend entre particuliers, de quelque nature qu'il soit ; les peuples sont-ils inférieurs aux individualités ?

Les particuliers seraient soumis à des lois et jugés par elles, et l'ensemble de ces particuliers représenté personnellement par leur gouvernement, n'aurait ni loi, ni règle, ni justice!

Cependant, il n'est pas de question insoluble pour un tribunal; que l'on nous cite dans l'histoire ou qu'on imagine un seul cas mettant notre Tribunal en défaut.

Il est impossible aussi de soutenir que des questions ne peuvent se résoudre par le raisonnement et l'arbitrage, aussi bien que par la violence ou par la volonté du plus fort.

Or, le *droit des gens* conventionnel institué pour régler les écarts et les entraînements des nations, et protéger leur indépendance, est incontestablement insuffisant ; il l'est également pour assurer les limites politiques ou naturelles de ces États.

Une justice internationale est à la fois une mesure d'équité et une réforme morale ; la guerre est une solution brutale par le hasard des combats : le Tribunal sera la voix de la conscience et de l'équité.

Le droit appartenait au plus fort ; désormais, il sera donné au plus juste.

Tout droit ne peut s'appuyer que sur la justice, seule base de toute société politique, et cela est si vrai que, même dans les guerres, l'idée de justice est mise en avant et chacun soutient l'avoir pour guide et pour loi.

Quand nous lisons l'ancien droit des gens, ce livre édifiant, nous y trouvons le *droit de la guerre*, comme s'il pouvait exister des droits dans la guerre !

Le *droit des gens* nouveau deviendra véritablement un *droit*, reposant sur des principes absolus, et il ne sera plus comme aujourd'hui, en contradiction flagrante avec son nom.

La justice se rendrait facilement, avec plus d'équité que dans l'état actuel et par le mode des combats.

Et ce nouvel état remplaçant la guerre serait

plus simple encore que tout ce qui existe aujourd'hui pour garder l'état de paix provisoire et même pour éviter la guerre; car un tribunal simplifierait les rapports en supprimant la politique, les contestations, les inquiétudes et aussi les dépenses; si le service judiciaire de la France coûte plus de cinquante millions, pour la justice du monde entier, il en coûterait peut-être moins.

Il existe déjà, dans l'état actuel, des indices manifestes de ce besoin de la paix, ainsi nous constatons que la coutume des *conférences* internationales tend à s'établir pour la solution de certaines questions.

C'est en effet un moyen pratique que l'on a employé souvent; ainsi, en mai 1884, l'Angleterre a invité les grandes puissances à régler la question financière de l'Égypte, et peu de temps après, est venue la conférence de Berlin relative au Congo.

On voit par là l'utilité de ce moyen puisqu'il est employé volontairement aujourd'hui par les gouvernements.

Mais cette demande de *conférence* est toute spontanée et soumise à l'adhésion des autres puissances, qui peuvent la repousser, l'une ou l'autre, pour un motif quelconque ou dans un intérêt personnel : voilà déjà peu de garantie de réussite. Ensuite, si cette conférence a lieu, elle sera composée de gens intéressés qui agiront chacun suivant des préoccupations particulières, et cela conformément au droit politique actuel, puisqu'ils seront les mandataires de leur gouvernement dont ils doivent sauvegarder les intérêts exclusifs.

Donc, la solution ne sera pas inspirée par les sentiments de la justice, mais par l'intérêt privé ou l'autorité du plus fort. Avec un *Tribunal*, au contraire, nous avons toute garantie comme nous le démontrons dans ce livre.

Ainsi, pourquoi la conférence au sujet de l'Égypte n'a-t-elle pas abouti? Par suite des intérêts rivaux placés comme juges et parties; devant notre Tribunal la solution eût été obligatoire.

De même pour *l'arbitrage*: l'arbitrage volontaire existe et n'est pas chose nouvelle; l'histoire et les traités du *droit des gens* en donnent de nombreux exemples (*).

C'est un bien qu'il eût été désirable de voir s'étendre et se généraliser; c'est même le seul

---

(*) 36 arbitrages ont réussi.

remède que beaucoup d'amis de la paix croient pouvoir appliquer.

Mais quelle différence entre cette coutume, fût-elle même universellement adoptée, et l'existence d'un Tribunal officiel avec l'assurance de la paix, comme nous l'entendons.

Examinons donc ces deux états : d'abord, aujourd'hui les gouvernements sont libres d'accepter ou de repousser ce moyen de terminer leurs différends; ensuite, il n'empêche ni la rivalité, ni l'ambition, ni l'esprit de conquête; il n'élimine pas davantage les susceptibilités d'amour-propre entre les nations, qui parfois se réservent secrètement de rester les derniers juges.

L'arbitrage n'est pas une loi, mais un vœu; or, dans une querelle passionnée, on sait combien la raison a peu de pouvoir.

Ensuite, il n'existe aucune règle pour ces arbitres et il faut s'entendre préalablement; puis, tout jugement peut être éludé, s'il déplaît, et le soupçon de partialité présente de graves inconvénients; car, on choisit parfois un autre souverain, un seul juge pour médiateur.

Enfin, c'est un moyen malheureusement insuffisant, puisqu'il n'empêche pas les guerres.

Mais l'institution généralisée de *l'arbitrage* conduit à l'adoption de notre Tribunal, qui en est la réalisation toute naturelle : ce sera un jury d'arbitrage permanent, obligatoire et légitime.

Rappelons comme symptôme pacifique que cinq parlements d'Europe : la Belgique, les Pays-Bas, la Suède et la Norvège, l'Italie, l'Angleterre et deux parlements d'Amérique, le Canada et les États-Unis, ont déjà voté la motion de l'arbitrage.

Malgré toutes ces aspirations, cet état perpétuel de guerre subsiste donc toujours, avec tous les malheurs qui en sont les conséquences; ainsi les nations n'ont rien à s'envier comme *dettes* (*), puisque toutes sont en déficit; quelques unes augmentent annuellement ce déficit, qui, cependant, ne peut toujours s'accroître sans amener une catastrophe aujourd'hui même, la faillite menacerait certains États, si l'on exigeait le remboursement immédiat de leurs dettes.

On trouvera à la note 11 le tableau vraiment effrayant des budgets militaires européens et toutes les dépenses qu'occasionne la guerre. La dette des

---

(*) On peut consulter notre tableau page 23, on y trouvera la colonne des dettes. C'est encore l'œuvre de la guerre.

puissances européennes s'élève à plus de *cent milliards*; la France y figure pour un quart.

Et ce sont les nations qui s'imposent les plus grands sacrifices, qui sont les plus exposées aux risques de la guerre : l'histoire le prouve.

Ainsi la France paie annuellement douze cents millions de rente pour la dette consolidée et la dette flottante, qui proviennent surtout de l'état militaire et de la guerre (*).

Il y a donc nécessité urgente à mettre un terme à des dépenses aussi exagérées.

Nous avons déjà vu que les relations commerciales et scientifiques peuvent assurer la paix; et les quelques incidents qu'elles peuvent amener, disparaîtront facilement devant la loi et sous le règne

---

(*) Sur un budget de 3 milliards, un tiers passe en arrérages;
706 millions pour la dette consolidée; 141 millions de 3 0/0 amortissable; 27,700,000 de dette flottante, etc.;
Le total est de 1 milliard 25 millions 970.000 francs.
Voici un extrait du rapport Mathieu-Bodet (pour 1875) :
« Les charges créées par suite de la guerre de 1870 s'élèvent à
» 9,810,463,000 fr. (près de 10 milliards), auxquels il faut ajouter la
» perte en revenus annuels résultant de l'annexion de l'Alsace-Lorraine
» à l'empire d'Allemagne, de 66,390,000 francs.
» Les frais de guerre ont été payés par divers emprunts dont le
» produit brut a été de 8 milliards 1/2.
» Les charges annuelles résultant de ces emprunts sont de
» 631,791,706 francs de rente ! » Près de 2 millions par jour!

pacifique du progrès et de la justice commune ; car les peuples, comme les individus, sont susceptibles d'éducation et de progrès.

Aussi on peut espérer comme conséquences dans l'avenir : la suppression des douanes entre les États, la liberté des échanges et le renversement de ces obstacles au progrès (*).

Peu à peu, l'idée des nationalités rivales s'effacera pour faire place à un sentiment plus élevé, celui de l'humanité.

L'Allemagne, par exemple, est composée d'États différents qui se considèrent déjà comme formant une seule patrie, bien qu'ils soient indépendants. Ce même sentiment de fraternité se développera, nous l'espérons, chez tous les peuples, une fois qu'ils seront unis par une alliance pacifique, un Tribunal commun, les mêmes lois et les mêmes droits. Ils formeront comme une seule famille, toute rivalité, toute haine, ayant disparu.

Que de changements seront amenés par cette paix et combien de préjugés, d'erreurs, de maux disparaîtront avec la guerre !

(*) Par suite de la paix et des réformes économiques qui s'en suivront, il sera permis dans le code international de considérer le principe du libre échange comme établi.

Le sens moral se relèvera, la raison reprendra ses droits; ces massacres cruels entre les nations se montreront sous leur véritable jour; l'humanité éprouvera une honte générale et instinctive contre cette force brutale et injuste. Peut-être aussi les crimes individuels seront-ils moins nombreux, quand les hommes auront appris à respecter la vie de leurs semblables?

L'humanité aura un autre idéal que celui de faire des soldats; la carrière des hommes ne se trouvera plus entravée, et, ils pourront se livrer tout entiers à leurs travaux. Tous les hommes éviteront plusieurs années de service militaire, c'est-à-dire de véritable esclavage.

L'humanité se régénérera à ses propres yeux; l'idée de la loi remplacera la force brutale; le bien-être général s'établira forcément.

Mais le plus grand bienfait de la paix sera de diminuer le *paupérisme*; car, remarquons-le bien, c'est le seul remède à cette plaie qui désole l'humanité :

Le règne de la paix amènera incontestablement de grandes économies, si l'on ne modifie pas, dans des proportions notables, nos ressources budgétaires; or ces économies pourront être employées à soulager la misère.

Et l'on trouvera ainsi cette grande solution qu'ont cherchée en vain tant d'écrivains humanitaires (*).

Nous supplions tout homme de penser et d'agir en homme pour répudier la guerre; nous ne voulons pas nous laisser ici entraîner à parler *des horreurs de la guerre*; mais nous voudrions seulement que chacun en eût conscience et éprouvât un respect sincère pour la vie de ses semblables.

(*) Le remède au *paupérisme*, qui est l'idéal de toute justice, sera obtenu pacifiquement.

Ce ne sera plus ce rêve égalitaire qui produit ces récriminations, ces révoltes contre l'état social établi, ces menaces de révolutions, ces colères et ces haines intestines.

Ce nouveau bienfait de la paix viendra, par cela même, favoriser la civilisation et encourager la morale.

Nous soumettons une idée comme corollaire à ce projet : c'est de consacrer une partie des bénéfices de l'état de paix à l'institution d'un legs ou héritage aux pauvres, en donnant à chaque enfant de malheureux à sa majorité, une somme déterminée, ou une petite rente, en exigeant pour condition soit une instruction morale, soit une autre obligation, puisque c'est une faveur.

CINQUIÈME PARTIE

Objections

Le *droit des gens* comprend le droit des nations et les moyens qu'elles ont pour le faire respecter ; mais, malheureusement, ces moyens sont toujours l'expression de l'état de nature.

C'est, dit-on, qu'entre ces nations libres et souveraines, il n'y a point de juge supérieur pour régler leurs différends ; aussi, n'ont-elles que l'emploi de la force à leur disposition.

Que les nations ne reconnaissent aucun juge au-dessus d'elles, c'est un droit naturel ; mais, elles peuvent s'établir juges elles-mêmes, en élisant un Tribunal composé de leurs propres représentants, et créer ainsi une juridiction supérieure et équitable, au point de vue du droit et de leurs intérêts communs.

Les nations ont certainement ce droit et aussi ce devoir qu'il serait injuste de méconnaître.

Dans les conditions actuelles, rien ne s'oppose à ce qu'on adopte immédiatement un Tribunal permanent, et nous ne voyons pas en quoi ce projet serait irréalisable et soulèverait des difficultés.

Les gouvernements s'y opposeront, dites-vous? Mais pour quelles raisons et dans quel intérêt?

Admettons un instant qu'ils s'y opposent : notre programme a justement pour but de vaincre ces résistances ; l'opinion les entraînera, si leur raison ne les guide ; mais nous ne doutons pas de leur sagesse (*).

Vous prétendez que les nations n'abdiqueront pas leur liberté?... Mais pourquoi faire cette supposition ; si on les consultait sur cette question de paix, on verrait avec quel empressement elles accepteraient l'espoir de mettre un terme à tant de souffrances.

En admettant que ce Tribunal soit établi, les peuples, dira-t-on, ne voudront pas se soumettre à la sentence qui les aurait frappés? Mais il n'y aura

______

(*) Les peuples pourraient même adhérer à ce tribunal dans les conditions indiquées à la note p. 116, si leur gouvernement restait indifférent.

plus de nation ennemie comme aujourd'hui; on n'aura à juger que des faits particuliers; par conséquent, il n'existera plus de motifs de susceptibilité nationale ni d'amour-propre, et toutes causes de guerre disparaissant, il n'y a plus de lutte possible entre les peuples. Enfin un tribunal devant lequel les questions seraient débattues, ne blesserait en rien la dignité des nations.

On ajoute qu'il y aura des difficultés; quelle idée nouvelle ne semble pas en présenter? On en trouve partout; l'important est qu'elles ne soient pas insurmontables, et il n'en existe pas dans l'établissement de la paix; c'est là ce que nous voulons prouver.

On objectera peut-être encore, que les juges n'auront pas le même caractère d'indépendance que dans nos tribunaux, où ils appartiennent au même pays, tandis que ceux de notre Tribunal n'ayant pas les mêmes points de vue et, se trouvant à la fois juges et parties, ne consulteront que leurs intérêts particuliers?

D'abord, les mêmes intérêts privés ne subsisteront plus comme aujourd'hui, et, si l'objection est vraie pour quelques nations intéressées, celles-ci ne représentent toujours qu'un nombre restreint de suffrages; et la majorité des autres, nécessairement désintéressées, donnera au vote tout le caractère voulu d'impartialité.

Ensuite, il faut bien se rendre compte que les questions que ce Tribunal devra juger, seront différentes de celles qui se présentent actuellement; et ce Tribunal, guidé par un *Code*, ne peut qu'inspirer toute confiance.

Mais si les décisions qu'il aura rendues sont impartiales, on peut se demander quelle force en garantira l'exécution et si nous ne créons pas ainsi un pouvoir judiciaire illusoire?

On oublie qu'il y a un engagement formel et réciproque des peuples entre eux, qu'il y a promesse d'obéir à ce Tribunal : l'honneur et l'intérêt les contraindront à tenir leur parole, et à accepter les décisions de l'assemblée dont ils auront reconnu librement le pouvoir.

Ainsi, sans aucune puissance matérielle, cette force morale est une garantie sûre et certaine.

Dans le cas, qui nous semble peu probable, où un chef de gouvernement pousserait son peuple à la révolte contre le Tribunal, quelle mesure adopterait-on?

Remarquez déjà qu'une puissance qui ne voudrait

pas se soumettre, se croyant supérieure à la loi commune, ne pourrait pas se révolter par les armes contre le Tribunal ; car ce serait soulever contre elle tous les autres peuples qui seraient à l'état d'union.

Une attaque contre une des nations soumises à cette assemblée, exposerait l'agresseur à voir toutes les autres se tourner contre lui.

Un gouvernement ne pourrait donc que *s'abstenir* après la décision du Tribunal ; et que ferait le Tribunal dans ce cas?

Supposons comme exemple, le Japon : si celui-ci, profitant de l'éloignement et des difficultés, refusait de se soumettre, on cesserait, avons-nous dit, tout commerce et toute relation avec lui ; et voyez, par suite de cet isolement, dans quelle extrémité vous le placez : il n'aurait plus voix délibérative, serait provisoirement exclu du pacte et du Tribunal et, par cela même, obligé de subir sans réclamation les conséquences de son refus.

Admettons que cette nation puisse vivre quelque temps seule et sans rapport avec les autres, quel inconvénient y aurait-il à laisser le *statu quo* et à rester tranquillement en dehors d'elle?

Dans tous les cas, cet état ne peut être que provisoire.

Il est évident que pour toute nation, ayant des relations avec les autres peuples, lui fermer ses débouchés, serait la mettre dans l'impossibilité de résister, si elle refusait d'accepter le jugement.

Il est certain, du reste, que, quelle que soit la solution donnée par ce Tribunal, elle sera toujours préférable, même aux avantages qu'assurerait la guerre.

Ajoutons que toute nation aurait intérêt à exécuter les décisions du Tribunal, qui représente l'humanité, pour ne pas s'aliéner la sympathie de tous les autres peuples, et compromettre ses propres intérêts par une résistance systématique, qui ne pourrait lui être que funeste; car il n'y a plus de lutte possible pour une nation contre toutes. Du reste, nulle objection sérieuse ne pourrait être adressée à ce Tribunal, au point de vue de sa composition.

Enfin les peuples apprécieront vite les bienfaits d'un régime qui leur donnera une garantie de justice et une sécurité plus grande. Et ils comprendront que leurs bons rapports reposent sur des lois d'intérêt commun.

Même dans l'état actuel, les nations contractent

des alliances offensives et défensives, se protégeant ainsi contre toute éventualité, par la promesse réciproque de se soutenir, et l'on trouve difficile à admettre que le jour où existera cette organisation pacifique, présentant des garanties, des lois nettement établies qui sauvegarderont l'intérêt général et particulier, on ne puisse s'entendre dans un but commun, établir une neutralité générale, reconnaître un code s'appliquant à tous, nommer des juges compétents et autorisés, pour remplacer les hasards de la guerre ? Tout cela est aussi facile que naturel.

Peut-on penser qu'en présence d'un Tribunal dûment établi et chargé de régler les intérêts communs, un souverain ou un gouvernement oserait se mettre en révolte contre lui, et perpétuer un régime de violence et de crime: car la guerre n'est pas autre chose.

De la part des princes, nous trouverons peut-être quelque résistance, par suite même de leur souveraineté : ils croiront déchoir, tandis qu'ils s'élèveront en adoptant ce projet ; enfin, il nous faut compter avec les passions humaines, et les rois y sont soumis comme les autres hommes.

Il pourra donc y avoir là quelques difficultés, nous le reconnaissons ; mais comme il y aura aussi un courant d'opinion générale, ils auront meilleure grâce à le diriger qu'à essayer de l'entraver ; car leur résistance serait vaine.

On pourrait s'inquiéter de toutes les dépenses déjà faites, du matériel acquis, des armées organisées, des forteresses, etc.; voudra-t-on abandonner tant de millions, ne regrettera-t-on pas tant d'efforts, d'espérances peut-être ?

Mais n'est-il pas conforme à la saine logique de sacrifier un milliard pour en économiser beaucoup d'autres et obtenir aussi tous les avantages de la paix.

C'est trop beau, dira-t-on, ou, ce n'est pas possible ; car, depuis des milliers d'années, la guerre existe, et rien n'a été tenté pour la supprimer. Eh bien, c'est là précisément le but que nous nous proposons, et nous espérons pouvoir l'atteindre.

Quand nous voyons aujourd'hui, les nations subir le sort des batailles, s'incliner devant les décisions arbitraires et aveugles, de la guerre, et accepter les traités qu'une force brutale leur impose, comment hésiteraient-elles à s'affranchir de tous ces hasards, en constituant un Tribunal, qui leur assurerait l'impartialité la plus complète dans les questions qui pourraient les diviser ?

Il faudrait aussi nier toute idée de morale et de justice chez les nations, pour craindre qu'elles manquent à l'engagement qu'elles auraient pris, de se soumettre à la décision de tous ; car ce Tribunal, loin d'entraver l'indépendance des peuples, la protégerait d'une façon bien plus efficace, puisque, dans l'état de guerre actuel, tous ces peuples se trouvant nécessairement liés à la politique de leurs princes, ne jouissent pas d'une liberté réelle ; et ces nations qui se disent indépendantes aujourd'hui, sont souvent assujetties à la volonté d'un souverain ou d'un ministre étranger dont la suprématie s'impose ; on ne verra plus ces abus avec l'existence d'un Tribunal.

Car, malgré les progrès de la science, malgré la presse, la vapeur et l'électricité, nous sommes encore, à ce point de vue, dans un état primitif de barbarie ; l'institution d'un Tribunal peut seule nous en faire sortir.

Nous ajoutons qu'en reconnaissant un Tribunal et en lui donnant plein pouvoir, les nations n'abdiquent pas ; elles font au contraire acte de souveraineté, puisqu'elles nomment elles-mêmes leurs juges qui sont leurs représentants. C'est aussi un acte de virilité et de bon sens, dont la grandeur est constimée par cette vérité acceptée de tous : La justice élève les peuples.

Sans justice, en effet, il n'y a pas de société possible : il est difficile d'imaginer un peuple, où il n'y aurait ni police, ni lois, pour réprimer les délits et les crimes. C'est cependant ce qui existe pour l'état international et les rapports entre peuples. Il nous semble qu'on devrait avoir conscience de cette anomalie.

Nous avons donc le droit de demander à notre tour : quelle nation pourrait perdre à ce projet? Laquelle n'aurait pas à y gagner ?

Comme nous l'avons dit, nous ne pensons pas que les hommes et les peuples puissent subitement devenir bons, justes et généreux, et nous ne comptons pas sur cette perfection pour obtenir la paix ; mais nous affirmons, et nous avons donné des preuves à l'appui, que les sentences rendues par notre Tribunal n'auront besoin d'être soutenues par aucune force armée pour être respectées; car aucun gouvernement ne pourra lutter contre tous, au mépris des principes de la justice : ce serait s'insurger contre l'humanité représentée par ce Tribunal.

On a prétendu que la guerre, que nous voulons

faire disparaître, est nécessaire pour empêcher le trop grand développement de la population.

L'augmentation, l'excès même de *population*, ne nous paraît pas à craindre ; et pour le moment, il n'y a là aucun motif d'inquiétude : il y a encore bien des régions pouvant recevoir de nombreux habitants.

Lors même qu'il y aurait un trop-plein de population, oserait-on dire que les batailles, en diminuant le nombre des hommes, seraient un bienfait rendu à l'humanité ?

La terre peut être peuplée quinze fois plus, dit-on, par suite, si les populations s'augmentaient dans des proportions invraisemblables, l'émigration serait le meilleur remède à ce mal.

Nous émettons cette idée qu'un État pourra, si cela devient nécessaire par suite d'un excès de population, encourager l'émigration d'un certain nombre d'habitants, pour aller coloniser et civiliser les terres nouvelles et étendre ainsi l'influence de la mère-patrie.

Dans ce cas, l'occupation des territoires incultes est légitime.

En nous plaçant à un autre point de vue, si l'on craint que dans la paix les hommes ne s'amollissent et que les mœurs ne se corrompent, nous dirons que des lois sages peuvent empêcher cette décadence, car les nouvelles conditions dans lesquelles se trouveront les peuples, exigeront nécessairement certaines réformes, au point de vue physique et moral.

Ce sera là le rôle des souverains et des gouvernements : ils pourront consacrer tous leurs soins à ces réformes intérieures, et augmenter ainsi la prospérité de leur peuple, en développant l'instruction, le commerce et les arts de toute espèce ; cette tâche leur deviendra facile, grâce aux ressources que leur procurera ce nouvel état de choses, par l'extinction de leurs dettes et la réduction des budgets que charge si lourdement aujourd'hui l'entretien des armées.

Ils auront aussi plus de facilité pour gouverner ; car l'absence de toute politique extérieure leur assurera une sécurité complète.

Il y a donc là des avantages certains pour les gouvernements comme pour les peuples.

Si les princes avaient consacré à l'établissement de la paix tous les efforts qu'ils se sont imposés pour soutenir la guerre, depuis longtemps déjà nous profiterions de ses bienfaits.

D'après certaine théorie, les rois ne seraient que les instruments de la Providence, dont ils exécutent, les arrêts par la guerre. Nous le voulons bien ; mais supprimons la guerre ; la Providence trouvera bien d'autres moyens d'action et l'humanité y gagnera.

On dit aussi que la guerre amène le progrès et qu'elle porte la civilisation chez les peuples barbares ; mais nous aurons d'autres voies, plus honnêtes et plus sûres, pour arriver à ce but : le commerce, les échanges et les relations pacifiques.

Nous protestons également contre cette théorie qui soutient que la guerre est nécessaire, pour retremper les âmes, leur inspirer une mâle énergie et les élever aux nobles sentiments d'honneur, d'abnégation et de sacrifice.

N'y a-t-il donc que la lutte brutale pour réveiller en nous les qualités qui font la supériorité de l'homme? En vérité, ce serait à désespérer de notre raison. Et cela excuserait-il tant de maux et tant de ruines?... c'est un étrange procédé moral.

Une des objections qui semblent les plus sérieuses, c'est que dans les premiers temps, toutes les nations n'accepteront peut-être pas l'autorité de ce Tribunal ?

Admettons le cas où cinq ou six nations s'entendant seules, une grande puissance refuserait d'adhérer à cette union et resterait armée comme aujourd'hui? On devra alors, et en attendant, conserver ses armements comme nous l'avons dit; mais le Tribunal rendra déjà des services aux nations qui l'auront reconnu.

Et alors que peut la plus forte nation contre l'alliance des autres?... Nécessairement, elle finira par céder, sans songer même à soutenir une guerre, qui serait impossible, en face de cette alliance pacifique.

Nous ne reconnaissons pas le droit d'imposer ce projet par la violence : à nos yeux, il n'y a pas de cause légitime pour faire la guerre (*).

Aussi à ceux qui soutiennent la légitimité de la guerre défensive, nous dirons que tout cas défensif suppose nécessairement une agression, par conséquent une injustice. Or, comme nous nous plaçons à un point de vue général et humanitaire, nous blâmons toutes les guerres comme injustes dans leur principe et dans les moyens qu'elles emploient.

Ce n'est pas tout de dire : la guerre est un mal

(*) D'autant plus que l'on sacrifie toujours des soldats, étrangers à la question, qui deviennent victimes de ces violences.

et nous sommes d'accord sur ce point, mais il faut la détruire et ne plus perdre son temps en lamentations platoniques.

La guerre est mauvaise et inutile, rendons-la impossible, les moyens nous sont donnés.

Toute la difficulté pour nous sera de secouer l'indifférence et de détruire les préjugés. Nous ne manquerons pas non plus de détracteurs ; mais nous leur demanderons de nous opposer des arguments sérieux.

Une autre cause aussi pourra retarder, mais non empêcher l'adoption de ce projet : c'est l'esprit d'agrandissement, d'ambition et de convoitise ; esprit qu'on n'avouera pas publiquement, mais qui inspirera une opposition dissimulée ; cette opposition sera vaincue par le bon sens et la volonté des autres peuples.

Vous croyez donc, nous dira-t-on, que tous les gouvernements vont bouleverser leur politique et abdiquer leurs droits, pour suivre vos préceptes et adopter vos projets ? que l'humanité, pour vos rêveries, changera ce qui a toujours existé ; on se moquera de vous, ou l'on restera indifférent.

Eh bien, non ! nous nous multiplierons tellement, nous ferons si bien comprendre la possibilité de cet état pacifique, nous prouverons que cela est si pratique, si simple, rendu si nécessaire par les intérêts des peuples, les lois de la morale, les malheurs inhérents à la guerre, qu'il faudra bien reconnaître la possibilité de la paix et nous suivre dans cette voie nouvelle.

Pourquoi l'homme resterait-il aussi criminel et aussi aveugle que vous le prétendez ?

L'humanité, d'après vous, serait-elle pour toujours condamnée à ce rôle sanguinaire; les peuples seraient-ils destinés à s'exterminer sans cesse dans les batailles, et les leçons du passé leur seraient-elles inutiles ?

Nous protestons hautement contre une telle opinion et nous disons : les temps sont venus, la paix s'impose et il est impossible de la repousser.

Tout concourt à sa bienvenue, et l'indifférence n'est plus permise; ni les critiques toutes faites, ni le doute, rien ne pourra l'empêcher de s'établir.

Nous ne sommes, du reste, que l'écho d'un sentiment général pacifique, que l'interprète des aspirations de tous.

Il nous serait facile de montrer dans le passé que l'histoire, aussi bien ancienne que contemporaine n'est qu'une suite de guerres, de combats et de massacres.

Ouvrez n'importe quel livre d'histoire, vous n'y trouverez pas une page qui ne soit marquée par ces crimes et souillée du sang humain !

A ceux qui n'ont jamais assisté à ces scènes sanglantes, nous recommandons de méditer la description suivante, extraite d'un *Souvenir de Solférino*, par M. Dunant :

« Dans le silence de la nuit, on entend des gé-
» missements, des soupirs étouffés pleins d'angoisse
» et de souffrance, et des voix déchirantes qui ap-
» pellent du secours : qui pourra jamais redire les
» agonies de cette horrible nuit !

» Le soleil du 25 éclaira l'un des spectacles les
» plus affreux qui se puissent présenter à l'imagi-
» nation. Le champ de bataille est partout couvert
» de cadavres d'hommes et de chevaux ; les routes,
» les fossés, les ravins, les buissons, les prés sont
» parsemés de corps morts, et les abords de Solfé-
» rino en sont littéralement criblés.

» Les malheureux blessés, qu'on relève pendant
» toute la journée, sont pâles, livides, anéantis ;
» les uns, et plus particulièrement ceux qui ont
» été profondément mutilés, ont le regard hébété

» et paraissent ne pas comprendre ce qu'on leur
» dit; ils attachent sur vous des yeux hagards,
» mais cet·état de prostration ne les empêche pas
» de sentir leurs souffrances; les autres sont in-
» quiets et agités par un tremblement convulsif;
» ceux-là, avec des plaies béantes, où l'inflamma-
» tion a déjà commencé à se développer, sont
» comme fous de douleur : ils demandent qu'on les
» achève, et, le visage contracté, ils se tordent
» dans les étreintes de l'agonie. Ailleurs, ce sont
» des infortunés qui non seulement ont été frappés
» par des balles ou des éclats d'obus qui les ont
» jetés à terre, mais dont les bras ou les jambes
» ont été brisés par les roues de pièces d'artillerie
» qui leur ont passé sur le corps.

» En plusieurs endroits, les morts sont dépouillés
» par des voleurs, qui ne respectent pas même des
» blessés encore vivants.....

» Un grand nombre sont restés contournés par
» les tortures de l'agonie, les membres raidis, le
» corps couvert de taches livides, les mains creu-
» sant le sol, les yeux démesurément ouverts, la
» moustache hérissée, un rire sinistre et convulsif
» laissant voir leurs dents serrées.

» On a passé trois jours et trois nuits à ensevelir

» les cadavres restés sur ce champ de bataille, où
» plus de 300,000 hommes se trouvèrent aux prises
» pendant quinze heures (note 12). »

Et il n'y a pas malheureusement que les pertes subies sur le champ de bataille; mais les maladies tuent dix fois autant d'hommes que le fer de l'ennemi. Les armées en campagne traînent avec elles le typhus, le scorbut, la dysenterie, etc. (note 13).

Mourir assassiné, ou de maladie, ou périr avec gloire dans un combat, le résultat est le même : c'est l'oubli, c'est le néant !

Sait-on combien il meurt d'hommes chaque jour par la guerre ? *Camille Flammarion* dit : quarante millions par siècle, ce qui ferait mille par jour (*); mais n'y en aurait-il que cent, ce serait encore beaucoup trop.

Et que de causes de guerres ! En voici quelques-unes des plus fréquentes :

La violation d'un pacte ou d'une convention ; — une agression ; — la réparation d'une injure ; — un prétendu intérêt national ; — la jalousie, la rivalité ; — l'ambition sous ses formes multiples ;

(*) Extrait d'une très curieuse conférence faite en 1872 par M. C. Flammarion, sous ce titre : *Une planète extravagante.*

— les successions; — les partages; — surtout les susceptibilités, les malentendus, etc. (*).

Il est à remarquer aussi que les États pour se préparer à la guerre dépensent plus que pour la guerre elle-même (**).

Les armées sont devenues si formidables, qu'il est

(*) On a recherché les causes des guerres depuis le règne de Constantin. Ces guerres au nombre de 286 ont été classées en catégories, savoir :

44 guerres engagées pour obtenir un accroissement de territoire.

22 guerres pour lever des tributs, etc.

24 guerres de représailles.

8 guerres entreprises pour décider quelques questions d'honneur ou de prérogative.

6 provenant de contestations relatives à la possession d'un territoire.

41 provenant des prétentions à une couronne, guerres de succession, etc.

30 guerres commencées sous le prétexte d'assister un allié.

23 guerres provenant d'une rivalité d'influences.

5 guerres provenant de querelles commerciales.

55 guerres civiles.

28 guerres de religion, en y comprenant les croisades. (Gust. de Molinari, *Dictionnaire de l'économie politique* t. II, p. 311.)

Les motifs d'une guerre n'ont souvent aucune cause nécessaire, mais deviennent une occasion pour l'entreprendre.

(**) Cornelius de Boom dans son livre « *Une solution politique et sociale* » s'exprime ainsi :

« Il résulte que dans l'état actuel des choses, sous un régime de
» paix, par simple mesure de précaution et de prudence, 4 millions
» d'hommes dans la fleur de l'âge sont condamnés à l'existence com-
» plètement improductive. »

Et coûtent des milliards pour être exposés à la cruelle nécessité de tuer ou d'être tués eux-mêmes. — Nous renvoyons au tableau de la note 11.

même indispensable d'y opposer une barrière et que notre projet a ici encore sa nécessité.

Car récapitulons :

La Russie compte plus d'un million de soldats dans son armée active, et un nombre aussi élevé dans ses réserves et dans son armée territoriale.

On connaît l'armement de l'Allemagne. Celui de la France ne paraît pas moins considérable, et ceux des autres nations, de l'Autriche, de l'Italie, s'en rapprochent. Or, nous nous demandons dans l'éventualité d'une lutte, quelle serait la solution et par quels horribles massacres ne serait-elle pas amenée?

Si un pareil état empêchait les conflits et rendait la guerre moins probable ? mais non, on le voit tous les jours.

Et au milieu de tous ces armements, la justice n'est pas respectée davantage : si un désaccord survient, on cherche comment en trouver la solution.

Or, dans tout différend entre peuples, la question d'amour-propre domine; les prévisions de la prudence, les principes de la justice lui sont sacrifiés. Comme dans toute querelle individuelle, c'est la passion seule qui l'emporte.

Avec l'état de susceptibilité extrême dans lequel vivent les nations, un malentendu, le moindre incident involontaire, suffit pour surexciter tout un peuple, compromettre la paix du monde et amener d'épouvantables catastrophes.

Cependant, la guerre n'est jamais indispensable pour terminer un désaccord entre deux peuples; aussi voit-on avant ces luttes sanglantes, les nations dans cette alternative étrange, de se demander si elles obtiendront satisfaction par des réclamations diplomatiques, ou en recourant à un arbitrage, ou comme dernière ressource, s'il leur faut se faire rendre justice par les armes.

Donc, dans l'état actuel, il n'y a pas de stabilité pour les peuples, et aucune nation n'est assurée dans son existence, puisqu'elle dépend du hasard des guerres, de la politique même d'un souverain étranger, autant que du sien propre.

Des alliances militaires, des bruits et des craintes de guerre, tel est le spectacle auquel nous assistons.

Et remarquons-le : plus les peuples sont civilisés, plus ils sont exposés aux maux de la guerre et plus ils ont à les redouter (*).

(*) La guerre n'existe généralement que dans les contrées les plus avancées ; cette anomalie est heureusement compensée par cette circonstance que les peuples civilisés sont les mieux préparés pour cette réforme pacifique. Voyez fin de la note 3, la population des cinq parties du monde.

Or, comme solution, non seulement la guerre est immorale et cruelle, mais encore elle est contraire à la raison, puisqu'elle ne termine presque jamais les différends selon les lois de la justice, et que la victoire appartient au plus fort.

Bien plus, il y a humiliation à être vaincu; dans la défaite un peuple se sent rabaissé à ses propres yeux comme à ceux des autres nations, quelle qu'ait été la légitimité de sa cause. Le vainqueur, au contraire, non seulement retire des avantages injustes de la victoire, mais de plus il acquiert de la renommée et de la gloire.

A ce point de vue encore, la guerre est une chose aussi injuste que déraisonnable.

Tout s'accorde contre elle pour la flétrir et la rejeter.

Même après la guerre, le différend qui l'a causée, subsiste presque entièrement.

Ainsi la guerre n'est pas un moyen légitime, et ne permet pas toujours d'atteindre le but qu'on s'était proposé; elle est considérée par ceux mêmes qui l'emploient comme un fléau, comme une nécessité fatale.

D'ailleurs, à quoi aboutissent ces alternatives de victoires et de revers? où est la certitude et la garantie pour les nations? L'histoire nous prouve, par de trop nombreux exemples, que cette garantie n'existe pas : ainsi, en 1810 la France atteignait ses limites les plus étendues ; quatre ans plus tard, en 1814, elle était vaincue et l'ennemi entrait à Paris.

Si la guerre est condamnable au point de vue pratique, elle ne l'est pas moins au point de vue moral :

L'homme éprouve un sentiment d'affection pour son semblable; une sympathie naturelle le pousse à le secourir dans le danger; c'est un devoir que la morale lui impose.

Par quelle étrange contradiction les hommes peuvent-ils s'organiser en troupes pour s'entre-tuer?

Et cependant l'homicide est le plus grand crime que l'on puisse commettre.

Apprendre aux hommes les moyens de tuer leurs semblables, c'est donc apprendre à commettre un crime.

Ainsi la guerre ordonne de faire ce que partout la loi civile interdit et punit, le plus souvent, de la peine capitale.

Ce qui est un crime pour les individus, ne peut devenir légitime pour les peuples.

« Comment, dit Franklin, à propos du duel,

» d'aussi misérables créatures que nous le sommes,
» peuvent-elles avoir assez d'orgueil, pour s'imagi-
» ner que toute offense, à ce que nous appelons
» notre honneur, mérite la mort! » Cela est vrai
et s'applique aussi bien aux nations.

Mais que disons-nous : pour amener une guerre
entre peuples, l'insulte est-elle nécessaire? Un
simple désaccord, une différence de volonté ou d'o-
pinion, cause nécessairement la guerre et voilà
deux nations qui se battent!

Si la peine capitale est le châtiment d'un grand
crime, quel crime ces malheureux soldats vont-ils
expier sur le champ de bataille?

Un homme ou un gouvernement déclare la guerre,
et c'est tout un peuple qui subit les conséquences de
cette folie et est exposé aux massacres. Parfois même,
pour quelques hommes tués ou retenus prisonniers,
on entreprend une guerre où succombent un grand
nombre de citoyens de la même nation; et voilà les
seuls moyens de justice auxquels on est réduit!

Mais s'il n'y a nulle part des lois autorisant les
souverains à condamner à mort, pour une simple
offense, de quel droit disposent-ils dans la guerre,
de la vie de leurs sujets?

La guerre pouvait se comprendre à l'époque

reculée où l'opinion générale, comme pour les duels, était que la Providence devait se déclarer en toute occasion, en faveur de la vérité et du bon droit, ce qui la rendait excusable; mais aujourd'hui une guerre ne décide rien au point de vue de la justice divine ou humaine.

La guerre est un crime inconscient, mais les hommes deviennent coupables du moment qu'ils en ont compris l'injustice (note 14).

La guerre, dites-vous, est un fléau inévitable comme l'inondation, les épidémies, la famine; soit, mais remarquez qu'elle est l'œuvre de l'homme; et encore, si vous pensiez qu'il existe un moyen de combattre ces maux, n'entreprendriez-vous pas tout pour arriver à ce but ? Pourquoi n'en serait-il pas ainsi pour la guerre? Nous avons prouvé qu'il y avait un remède à ce fléau, le plus terrible de tous.

Nous ne sommes pas des rêveurs ; mais nous avons conscience des horreurs de la guerre, et l'indignation qu'elle nous inspire, nous encourage à exposer ces idées positives sur la possibilité d'une réforme.

———

Sans vouloir entrer dans la politique contemporaine, nous dirons que, si les peuples s'associent contre nous (alliance des trois empereurs), prouvons, nous Français, que nous sommes plus sages en demandant la paix générale.

Opposons à cette alliance intéressée, les grands principes d'amitié et de concorde.

Nous avons plus de mérite que tout autre à prêcher la paix, car nous abandonnons tout espoir de revanche par les armes, n'aspirant à nous relever et à reprendre notre rang que par la paix.

A quoi peut servir la guerre quand elle est légitime, sinon à protéger le pays ? En général, nul n'ose avouer des projets de conquête ; la paix ne garantit-elle pas d'une façon plus sûre l'intégrité du territoire ?

La paix est la loi commune, c'est la loi de l'harmonie ; la guerre est un état contre nature.

L'Allemagne nous fait en ce moment une concurrence commerciale ; ce seront les seules rivalités possibles avec la paix.

Du reste, aujourd'hui même, dans l'état actuel, rien ne peut empêcher cette lutte de se produire. L'équilibre doit forcément s'établir tôt ou tard.

En attendant, la *paix* serait encore un palliatif à la crise commerciale.

Entrons dans le vif de la question en ce qui nous concerne :

Si nous avions la guerre de *revanche* avec la Prusse, admettons que nous sortions vainqueurs de la lutte ; mais ce résultat pourra-t-il s'obtenir en une ou deux batailles, et l'Allemagne armée comme elle l'est, aguerrie et avec son prestige militaire, sera-t-elle surprise comme nous l'avons été en 1870 ? Non, le sort des armes lui étant défavorable, elle luttera à outrance, et ce sera peut-être de longues années de guerre.

Même vainqueurs, que de millions, que d'hommes nous aurons sacrifiés ; nous ne parlons pas des souffrances physiques et morales, de l'arrêt dans le commerce et l'industrie et de l'augmentation de la dette publique. En reprenant l'Alsace, nous aurons fait tuer peut-être plus d'hommes que nous n'en retrouverons ; en rallumant les haines nationales, qui nous assure que nous ne préparons pas d'autres guerres dans l'avenir ?

Nous venons d'admettre le meilleur résultat qu'il nous soit possible d'espérer ; mais cependant, comme nous faut tout prévoir, si la fortune se déclarait contre nous... comment ne pas frémir aux conséquences d'une semblable éventualité?

Ce n'est pas d'un bon patriotisme de supposer toujours que nous serons vainqueurs : la prudence nous commande même d'admettre la possibilité contraire.

Assurément, il n'est pas téméraire d'espérer que l'Alsace et la Lorraine nous reviendront plus tard pacifiquement, par le vœu des populations, et de penser que l'ère nouvelle inaugurée par notre Tribunal remplacera ces haines que les guerres entretiennent, par des idées plus généreuses de paix et de concorde : alors, une transaction amiable entre les deux peuples, donnerait satisfaction à des vœux si légitimes.

Peut-il y avoir rien de plus heureux et de plus glorieux pour notre chère France, que d'amener les peuples à une fraternité générale; elle assurerait ainsi son propre bonheur et celui des autres nations.

Notre chauvinisme, à nous, consiste à vouloir que la France prenne cette généreuse initiative : à elle appartient l'honneur d'accomplir cette réforme pacifique et d'effacer toutes les injustices du passé.

Si les gouvernements étrangers ne répondaient

pas à cet appel, ce serait le devoir de la politique française de poursuivre malgré les obstacles, la réalisation d'une entreprise si bienfaisante pour l'humanité (*).

Proposer la paix à tous est le seul titre de gloire que la justice permette d'ambitionner.

Peuples étrangers, nous vous tendons une main amie, en vous rappelant que par la loi naturelle, les peuples ne forment qu'une seule famille.

Nous ne voudrions pas que l'on vît une thèse révolutionnaire dans l'idée de la paix universelle que nous préconisons; ce n'est pas là le programme d'un parti, c'est celui de tous les honnêtes gens.

Loin de nous l'idée d'étouffer dans le cœur de l'homme l'amour de la patrie; ce sentiment naturel comme celui de la famille subsistera aussi bien avec la paix. Seulement, au lieu de chercher la suprématie militaire pour son pays, on s'appliquera

---

(*) Sous la Révolution, en 1793, le député *Grégoire* présentait déjà à la Convention une *déclaration du droit des gens*.

Aussi n'est-ce pas par une statue ni par des discours qu'il faut fêter le centenaire de 1789, mais par un acte, par une œuvre qui réponde à ce premier grand mouvement, par une *Révolution pacifique !*

La France ne risquerait rien d'adopter cette politique; et elle trouverait ainsi le moyen d'amortir toute sa dette.

à le rendre supérieur par le progrès, par la science, par la pratique de la justice et de l'humanité.

Tout le monde aspire à la paix et nous offrons le moyen de la réaliser.

Quand on affirme qu'on peut apporter un remède efficace à cet état monstrueux de la *guerre*, que cette réforme est possible, qu'elle sera réalisée, pourquoi repousser sans motif les raisons qui sont données ?

Nous disons : *cela sera;* et si nous rencontrons aujourd'hui beaucoup d'incrédules, leur nombre diminuera et le temps n'est peut-être pas éloigné où tous se rangeront à notre avis. Car il n'est pas admissible qu'une vérité reconnue par les peuples, comme la possibilité de cette réforme, puisse être repoussée par les gouvernements.

Nous terminons par ce vœu de paix et d'entente commune; quant à nous, nous travaillerons pour la paix, sans relâche, et dans la limite de nos forces.

La cause que nous défendons a pour elle l'appui des personnages les plus célèbres :

D'abord Napoléon 1er qui écrivait à Ste-Hélène, le 6 novembre 1816 :

« ....Quoi qu'il en soit, cette agglomération

» arrivera tôt ou tard par la force des choses ; l'im-
» pulsion est donnée et je ne pense pas qu'après
» ma chute et la disparition de mon système il y
» ait en Europe d'autre *grand-équilibre* possible que
» l'agglomération et la *confédération des grands*
» *peuples.* »

On le voit, l'idée napoléonienne se rapproche singulièrement de la nôtre (*).

Rappelons qu'il y a à peine vingt ans, le chef d'une grande nation adressait cet appel à l'Europe :

« Quoi donc de plus légitime et de plus sensé
» que de convier les puissances de l'Europe à un
» congrès où les amours-propres et les résistances
» disparaîtraient devant un arbitrage suprême ?

» Quoi de plus conforme aux idées de l'époque,
» aux vœux du plus grand nombre, que de s'a-
» dresser à la conscience, à la raison des hommes
» d'État de tous les pays et de leur dire :

» Les préjugés, les rancunes qui nous divisent,
» n'ont-ils pas déjà trop duré ?

» La rivalité jalouse des grandes puissances em-
» pêchera-t-elle sans cesse les progrès de la civili-
» sation ?

(*) Voyez les idées Napoléoniennes. (Œuvres de Napoléon III, tome I.)

» Entretiendrons-nous toujours de mutuelles dé-
» fiances par des armements exagérés ?

» . . . . » (*)

Nous trouvons dans un discours de Gambetta, prononcé le 12 août 1881 sur la politique extérieure :

« Chers Concitoyens, il me semble, quant à moi,
» que lorsque je vois la société française progresser
» dans le calme, dans la liberté, dans le travail, il
» viendra bien un jour où les problèmes posés se
» résoudront peut-être par le progrès du droit des
» gens et par le triomphe de l'esprit pacifique.

» Il n'y a pas que l'épée pour dénouer les nœuds
» gordiens; il n'y a pas que la force pour résoudre
» les problèmes extérieurs : l'esprit de droit et de
» justice est bien aussi quelque chose. Et qui donc
» oserait dire qu'il ne viendra pas un jour de
» consentement mutuel pour la justice dans cette

(*) Discours d'ouverture de la session législative française (5 novembre 1843).

L'empereur ayant envoyé à tous les souverains une lettre d'invitation pour le congrès, les rois d'Italie, de Suède, de Danemark, de Belgique, de Turquie, de Portugal, d'Espagne, de Grèce, ainsi que la Confédération suisse, donnèrent au projet une adhésion sans réserve. Le pape promit de venir au congrès. Le czar se montra favorable. Le roi de Prusse et l'empereur d'Autriche acceptèrent en principe. Le refus de l'Angleterre fit avorter ce *Congrès des Souverains.*

» vieille Europe dont nous sommes les aînés? qui
» donc oserait dire que c'est là un espoir chimé-
» rique? Je ne crois pas dépasser la mesure de la
» sagesse et de la prudence politiques en désirant
» que mon gouvernement, que ma République, la
» République démocratique que vous savez, soit
» attentive, vigilante, prudente, toujours mêlée
» avec courtoisie aux affaires qui la touchent dans
» le monde, mais toujours éloignée de l'esprit de
» conflagration, de conspiration et d'agression. Et
» alors, je pense, j'espère que je verrai ce jour où,
» par la majesté du droit, de la vérité et de la
» justice, nous retrouverons, nous rassemblerons
» les frères séparés. »

Terminons par cette page de notre illustre et
regretté Victor Hugo : « Au xxᵉ siècle, il y aura
» une nation extraordinaire... Elle sera illustre
» riche, pensante, pacifique, cordiale au reste de
» l'humanité. Elle aura la gravité douce d'une
» aînée. Elle s'étonnera de la gloire des projectiles
» coniques, et elle aura quelque peine à faire la
» différence entre un général d'armée et un bou-
» cher; la pourpre de l'un ne lui semblera pas
» très distincte du rouge de l'autre. Une bataille
» entre Italiens et Allemands, entre Anglais et

» Russes, entre Prussiens et Français, lui apparaî-
» tra comme nous apparaît une bataille entre
» Picards et Bourguignons.

» Elle considérera le gaspillage du sang humain
» comme inutile. Elle n'éprouvera que médiocre-
» ment l'admiration d'un gros chiffre d'hommes
» tués. Le haussement d'épaules que nous avons
» devant l'Inquisition, elle l'aura devant la guerre.
» Elle regardera le champ de bataille de Sadowa
» de l'air dont nous regarderions le quemadero de
» Séville. Elle trouvera bête cette oscillation de la
» victoire aboutissant invariablement à de funèbres
» remises en équilibre, et Austerlitz toujours soldé
» par Waterloo. » (Introduction au livre *Paris*.)

Nous pourrions multiplier à l'infini des citations
semblables, car la plupart des écrivains ont com-
battu la *guerre*.

De la théorie, nous passerons à la pratique, en
donnant dans les chapitres suivants les moyens
pour arriver à notre but.

SIXIÈME PARTIE

Moyens d'exécution

« Détruire le mal est bon, faire
le bien est mieux. »

1° MOYENS D'ACTION

En attendant un *Tribunal international* nommé
officiellement par les puissances, comme cette institution reposant sur l'entente des gouvernements,
exigera peut-être un temps assez long, nous devons
prendre l'initiative, en nommant dès aujourd'hui,
comme nous l'avons dit, une commission d'étude
libre, composée des publicistes et des diplomates
qui voudront bien répondre à notre appel pour
cette œuvre de paix.

Cette commission préparatoire devra examiner
tout d'abord, s'il faut faire appel à un concours
pour le *Code*, dans le cas où elle ne pourrait elle-
même exécuter ce travail. En effet, elle aura déjà
une propagande active à faire ; des demandes offi-
cieuses à adresser aux gouvernements et aux souverains, et des appels aux pays.

En même temps, il lui faudra multiplier les conférences et les publications internationales pour agir sur l'opinion; enfin elle devra obtenir et utiliser les fonds nécessaires. Un pareil programme est déjà chargé; aura-t-elle le temps d'élaborer un *Code*; et ne peut-elle trouver en dehors de son sein des auxiliaires actifs, dont les études et les vues particulières lui seraient d'une grande utilité (*)?

Nous serions personnellement d'avis de mettre au concours ce *Code des Nations*.

Dans tous les cas, ce Comité présentera le Code aux gouvernements, et ceux-ci, en présence d'une œuvre internationale, seront moralement obligés de l'étudier.

Ce n'est donc pas une contrainte que nous imposons aux gouvernements, nous les sollicitons seu-

---

(*) Ne pourrait-on, pour rédiger ce Code, demander le concours de nos diplomates réunis en comité? Ils ont les notions de droit et les connaissances nécessaires.

On devrait également consulter les membres de l'Académie des sciences morales et politiques.

Ce serait surtout l'œuvre de l'Institut de droit international qui existe depuis 1877.

De même on pourrait prendre pour membres du *Comité* tous les diplomates étrangers réunis à Paris et les inviter à coopérer à cette étude.

Nous ajouterons que le Comité devra être permanent, travailler sans relâche et ne pas se réunir seulement à certaines époques.

lement de venir à nous, et nous leur préparons les moyens de réaliser une œuvre réclamée par l'opinion publique.

Comme moyens d'action et de propagande voici ce que nous proposons :

S'attacher toutes les Sociétés pacifiques déjà organisées, quel que soit leur programme, le but étant le même; faire appel à leur activité vaillante et les prier de nous aider de tout leur pouvoir.

Dans ce but, leur fournir pour la propagande, des fonds recueillis par souscription ; et les inviter à concourir, chacune de leur côté, à l'œuvre commune.

Former aussi des Comités dans chaque pays, pour en centraliser les forces et préparer ensuite l'action générale.

Un journal officiel international sera nécessaire; mieux vaut le créer de suite, pour vulgariser nos idées. Traduit en toutes les langues, ce journal de paix, dont le titre serait le *Tribunal International*, traitera des guerres, de la diplomatie, etc.

Il sera le moniteur du Comité, et plus tard, du Tribunal, pour les comptes rendus et l'étude des questions du jour.

Ce journal de fraternité enregistrera les rapports

internationaux et les services de toutes sortes rendus à l'humanité (*).

Le Comité adressera des appels et des conseils aux peuples et aux souverains, des pétitions aux Chambres.

On établira des rapports entre les peuples, des associations avec comité, des déclarations d'amitié, des emblèmes pacifiques, des dons, etc.

Toutes les religions ne pourront manquer de s'intéresser à une œuvre si éminemment morale, qui répond aux mêmes tendances qu'elles et poursuit le même but; nous comptons donc sur la puissance incontestable du sentiment religieux (**).

Il est à souhaiter que plusieurs nations prennent l'initiative et nomment des délégués qui se joindront

---

(*) Nous proposerons d'adopter pour ce journal un mode de rédaction inédit qui le rendra d'un intérêt et d'une utilité plus générale.

(**) Nous proposons de faire appel à la religion parce que la paix est une œuvre essentiellement religieuse; c'est un devoir pour elle : non seulement elle a charge d'âmes, mais aussi elle a mission de soulager la misère humaine.

Donc c'est une nouvelle prédication pour elle et, comme pour le denier de saint Pierre, que les dons abondent pour cette œuvre si vraiment humaine.

Si l'on a recueilli plus de 12 millions pour l'église du Sacré-Cœur, combien la *paix* n'obtiendra-t-elle pas?

aux nôtres, pour l'étude et la préparation d'un Code;
Ils seront les bienvenus (*).

Loin de vouloir marcher en dehors des gouvernements, nous nous adressons surtout à eux pour
ce programme, car à eux revient le rôle prépondé-
rant dans cette question.

Si nous ajoutons les moyens de publicité, c'est
pour faciliter l'évolution nouvelle et en avancer la
réussite; mais l'œuvre appartient nécessairement
aux souverains et à leur gouvernement appelé à
conférer sur ces questions, et à nommer des juges
au Tribunal.

Avons-nous besoin de revenir sur les avantages
qu'ils en retireront : sécurité pour eux et bien-être
pour les peuples.

Toutefois, le *Comité* et le *Code*, devant s'établir
d'avance, de là notre appel direct à la publicité.

(*) On pourrait aussi et *provisoirement* créer une assemblée libre de
délégués et de juristes, sous forme de tribunal prêt à juger à titre
officieux les différends entre les peuples.

Si les Chambres des divers pays et quelques gouvernements vou-
laient associer leurs efforts aux nôtres et envoyer des délégués, ce
serait encore un moyen plus sûr d'arriver au succès.

La réunion des membres libres pourrait rédiger une note dans ce
sens en entrant en fonction.

Nous avons confiance dans le résultat parce qu'il suffit qu'un seul gouvernement adopte franchement ce projet pour réussir, et il ne manquera pas de s'en trouver.

———

Nous avons dit au commencement de ce livre que nous soutiendrons notre œuvre de nos ressources privées ; comme ce concours personnel est bien insuffisant, nous étudions dans le chapitre suivant les moyens d'obtenir les fonds nécessaires pour mener à bien cette entreprise.

———

2° MOYENS FINANCIERS.

Ce que les gouvernements ne pourraient accomplir, ou hésiteraient à accepter immédiatement, l'argent et l'association des capitaux peuvent le réaliser.

On peut arriver au même but, à l'aide du *crédit*, aussi bien que par des souscriptions publiques.

Ce qui a fait défaut jusqu'ici, il faut l'avouer, ce sont les ressources pécuniaires ; bien des voix se sont élevées pour flétrir la guerre et célébrer les avantages de la paix ; mais l'argent manquait, et par conséquent les résultats pratiques.

L'argent est indispensable ; s'il est le nerf de la guerre, il est aussi celui de la paix : notre but est d'en obtenir, et beaucoup, pour assurer promptement le succès.

Du reste, plus on aura de ressources, plus les résultats seront rapides et assurés ; ce n'est pas une œuvre pour laquelle on doive économiser.

On comprend qu'aucun chiffre ne puisse être fixé : quel qu'il soit, il profitera à l'œuvre (*).

Si l'on réunit des sommes considérables, on agira plus efficacement en multipliant les appels dans tous les pays, en encourageant les ouvrages et les œuvres pacifiques.

Les frais de publicité et d'affichage sont déjà énormes ; car ils sont nécessaires simultanément dans un grand nombre de pays, et des millions

---

(*) Comme aperçu, nous estimons les premières dépenses à une centaine de mille francs pour les frais de publication, de souscription et de mise en œuvre.

Puis il nous faut compter sur 12 membres pour le Comité d'étude.

Ensuite le journal et le concours du Code.

Nous ne fixons rien pour la propagande, les frais d'impression, l'affichage, etc., etc.

trouveront vite leur emploi et sont même indispensables pour une propagande active et efficace.

Tous les fonds seront déposés dans les banques nationales offrant toute sécurité, et nul n'y pourra toucher sans le vote régulier du Comité.

Une comptabilité scrupuleuse et un contrôle, sérieux, bien entendu, seront obligatoires.

Voici maintenant divers moyens que nous proposons pour obtenir ces ressources :

Solliciter par une souscription publique des dons volontaires pour aider à la réalisation de la paix.

Stimuler dans ce but le zèle par la tribune, la prédication, les livres, les journaux, les sociétés de paix, les réunions publiques, etc. Ne nous lassons pas de demander pour arracher tant de victimes à la mort.

Demandons pour tous les malheureux, car nous abolirons ainsi le paupérisme.

Cette souscription deviendra internationale et par cela même facilitera la propagande.

Un comité dans chaque pays sera chargé de recevoir les souscriptions nationales en faveur de la paix.

On peut créer aussi une souscription patriotique, et même internationale, de *femmes* pour concourir à l'abolition de la guerre, comme celle de 1872 pour la libération du territoire, qui a donné plus de 20 millions (*).

Cette souscription, ouverte par la presse française, permettrait l'envoi des fonds aux journaux qui publieraient la liste des donateurs.

Enfin, nous comptons sur les offrandes permanentes en faveur de la paix, car toutes les souscriptions resteraient toujours ouvertes.

Mais de grandes fortunes particulières permettraient d'apporter à cette œuvre un puissant concours, et quel plus noble emploi peut-on faire de la richesse?

Nous adressons donc un appel à la générosité des riches, en leur demandant des legs, ou des souscriptions en faveur de la paix.

Nous voudrions voir une sorte d'émulation généreuse s'établir entre toutes les nations, pour ces souscriptions pacifiques.

Que l'on obtienne pour la paix, ce qu'on donne pour les blessés et les victimes de la guerre, et ce

---

(*) L'association centrale des femmes pour les secours aux malades et aux blessés de l'armée américaine a recueilli près de 400 millions de francs pendant la guerre de sécession.

seront des millions qui pourront être consacrés à l'extinction de ces maux.

Si la charité n'a pas de drapeau, et que tous les peuples s'entendent quand il s'agit d'une œuvre charitable, on peut faire appel à tous pour l'établissement de la paix, comme œuvre essentiellement humanitaire.

La guerre coûte, avons-nous dit, dix-neuf millions par jour à l'Europe seule ! Vous voyez qu'une souscription pour empêcher la guerre est un placement utile.

Enfin, puisque l'on trouve des millions pour soulager les maux, les accidents, les épidémies, les inondations, et la misère de notre pauvre humanité, il n'est pas possible que cette même charité reste indifférente, quand il s'agit de faire disparaître le plus grand fléau qui frappe l'humanité tout entière.

Riches, offrez votre superflu : c'est une semence qui sera féconde; femmes, enfants, vieillards, apportez vos dons, et vous, pauvres, votre modeste obole.

Dans les prospectus de souscription un programme fera connaître l'emploi de l'argent et les différents usages auxquels il sera réservé.

Si l'on n'obtient pas assez par ces souscriptions, on agira par le *crédit*.

On pourrait faire par exemple, un emprunt en rente viagère à un taux rémunérateur.

Comme garantie, les *souscriptions* précédentes n'auraient-elles d'autre résultat que de couvrir les rentes de cet emprunt et d'en assurer le paiement, seraient suffisantes.

D'autres modes d'emprunts, permis par les lois, pourraient être adoptés et même plusieurs à la fois.

Des souscriptions pourraient être aussi organisées sous forme de *bons* rapportant intérêt, après réussite.

Après ce commencement d'exécution, former une association de membres adhérents, payant 0 fr. 10 c. par mois ; on obtiendrait encore de cette façon une garantie de paiement pour les rentes (*)

Toutes les combinaisons financières sont possibles,

(*) L'émancipation catholique fondée en 1823 par O'Connell en faveur de l'Irlande, par souscription à raison de 2 sous par mois produisit un revenu annuel de plusieurs millions. (*Dict. polit. association catholique*, p. 117, édit. Pagnerre, Paris.)

pour soutenir notre cause, en établissant une *Société universelle de la paix* (*).

Ainsi on pourrait, comme on l'a fait pour les chemins de fer, utiliser la bourse en créant une *banque pacifique*; ce serait là un baromètre de l'opinion et un moyen d'en propager l'idée, d'éveiller l'opinion publique et de mesurer les progrès accomplis.

Nous solliciterons dans ce cas le concours des financiers pour obtenir des résultats efficaces.

La *Loterie* serait aussi une ressource, et l'une des plus puissantes, en la faisant internationale.

Mais nous sommes persuadé que des souscriptions générales, minimes et faites jusque dans les moindres bourgades, rapporteraient des millions et seraient suffisantes (note 15).

Nous donnons au chapitre suivant quelques moyens de propagande.

(*) Par exemple, une souscription d'actions ou d'obligations remboursables en ..... années avec programme en résumé — garanties; — ressources; — grands noms en vedette, etc.

3° MOYENS SECONDAIRES.

Pour la propagande, s'attacher des gens de lettres.

Faire appel aux diplomates, aux publicistes et aux grands écrivains.

Établir une ligue de la paix, à l'aide des divers journaux français et étrangers qui sont favorables à cette idée; et même demander aux parlements de s'entendre entre eux à cet effet.

Au-dessous de cette ligue, il pourrait y avoir une armée de la paix pour la propagande, et dans laquelle on nommerait des chefs. Une puissance ainsi organisée aurait une cohésion véritable et s'accroîtrait rapidement.

Des sociétés de paix s'organiseraient par groupes, avec bannière, pour défilés, réunions, etc., comme les sociétés chorales et orphéonistes.

Un drapeau serait adopté comme celui des ambulances, avec l'inscription :

Ligue de la paix.

Le corps diplomatique actuel, dont notre projet maintient l'existence, ne pourra qu'encourager notre entreprise.

Nous aurons aussi avec nous les commerçants, les ouvriers et les malheureux; car tous seront sympathiques à une pareille institution.

Une *ligue de femmes* pour la paix serait opposée aux hommes qui font la guerre et remplacerait par des sentiments de concorde et d'amitié les idées de haine et de barbarie ; ce serait une sorte d'émancipation de la femme par une œuvre de charité et de politique humanitaire.

Autres moyens de propagande :

Faire appel aux populations par des réunions publiques, des meetings et, au besoin, insérer cette idée dans le programme électoral.

Publier des livres spéciaux s'adressant à la classe ouvrière, prouvant que le paupérisme s'éteindra par la paix et qu'on arrivera ainsi à la diminution des impôts.

La plus grande publicité sera donnée dans tous les pays pour parvenir à notre but.

Cette publicité se ferait par des distributions et envois de résumés du projet, d'appels, de programmes et de publications illustrées.

Des conférences sur la paix pourront être faites par l'Association philotechnique et autres sociétés.

Des bals, des fêtes publiques pourront aussi

augmenter les ressources et contribuer à la propagande.

Envoyer des délégués dans les pays étrangers, pour apprendre à se connaître, à s'estimer et à s'entendre, et par suite combiner tous les efforts pour la réalisation de l'œuvre pacifique.

Faire des tentatives auprès des hommes d'État de tous les pays pour les intéresser à ce projet.

Enfin, imprimer une impulsion nouvelle aux aspirations existant déjà ; en un mot, faire une croisade pacifique.

Nous entrons dans ces détails pour montrer la nécessité des souscriptions et l'emploi des fonds.

Il ne sera pas dit qu'on aura fait appel inutilement à la France, à l'Amérique, à l'Angleterre, à l'Autriche, à l'Italie, à la Belgique, à l'Espagne, à l'Allemagne et à toutes les autres nations civilisées, sans trouver un écho dans le sentiment public, ni obtenir quelques millions en faveur de cette idée grande et féconde, s'appuyant, non sur de simples conjectures, mais sur des moyens pratiques et sur des faits à la portée de tous.

SEPTIÈME PARTIE

Conclusion.

« Vouloir, c'est pouvoir. »

Nous arrivons au but que nous nous étions proposé.

Nous avons écrit ce livre non pour un peuple, mais pour l'humanité, en réclamant les avantages de la paix pour nous aussi bien que pour tous.

Ce ne sont pas quelques cent mille hommes qui sont intéressés à cette question, mais toute l'humanité; sans parler du point de vue moral, pas un homme n'en évite les conséquences.

Quel problème que celui qui s'adresse à tout le genre humain, en conviant tous les peuples à une union fraternelle !

Pour nous encourager dans cette réforme, est-il besoin de rappeler tous les maux que la guerre engendre ?

Quand bien même il n'y aurait pas tant de sang répandu, ne nous resterait-il pas encore de puis sants motifs pour la combattre avec énergie, d'abord les angoisses qu'elle cause aux mères, en leur enlevant leurs fils pour l'armée, et les préjudices apportés aux jeunes gens dont ce service forcé entrave ou brise parfois l'avenir.

Lors même que ce ne serait pas un moyen injuste et barbare de juger les différends entre nations, notre projet serait un bien, il aurait sa raison d'être et sa nécessité.

Il est aussi indispensable de mettre fin à la guerre, à cause des perturbations qu'elle apporte à l'industrie et au commerce, des appréhensions patriotiques de tout bon citoyen, des idées de haine et des rivalités funestes qu'elle fait naître.

Tous ces maux ne sont rien encore, comparés à tous les autres : la guerre ruine les pays qu'elle charge d'impôts, puisqu'elle coûte à elle seule, plus que tous les autres services publics (c'est-à-dire des centaines de millions annuellement à certains pays).

Bien plus, elle est le meurtre organisé de l'homme par l'homme, elle apprend l'assassinat; et ces crimes fratricides causent incomparablement plus de morts que les duels et les meurtres commis par jalousie, par intérêt, et par d'autres motifs.

La guerre est donc la honte, et le plus grand

fléau de l'humanité; faut-il encore insister sur la nécessité de la faire disparaître ? Ne dites pas que cela est difficile : oseriez-vous soutenir que les hommes, qui sont les êtres raisonnables de la création, qui vivent dans l'état de progrès et de civilisation, ne peuvent s'entendre pour détruire ce fléau; que la volonté et la conscience leur font défaut seulement pour cette œuvre, qui s'impose à eux comme un devoir, au nom de leurs intérêts et de la morale ?

Est-ce donc un rêve que l'amélioration du genre humain ? C'est un devoir, lorsqu'on a conscience de ces effroyables maux, d'y apporter remède, dès que la guérison est possible.

On raisonnait aussi au temps des gladiateurs, des jugements de Dieu et de la torture; et des hommes sages, instruits, discutaient de pareils abus et les justifiaient, comme aujourd'hui on essaie de légitimer la guerre. Et cependant n'est-ce pas un bienfait que leur disparition ?

Tout nous impose cette réforme pacifique. Pour la réaliser, peut-être ne faut-il pas trop compter sur les gouvernements; aussi, au lieu d'attendre qu'ils prennent l'initiative, agissons nous-mêmes, nous serons certains d'obtenir des résultats

En publiant ce projet comme une manifestation de l'opinion générale, nous agissons pour les gouvernements, qui n'oseraient prendre sur eux de donner l'exemple.

S'il y a des guerres à craindre, il faut se hâter d'adopter ce projet. S'il n'y a, au contraire, aucune collision prochaine à redouter, la réalisation d'un Tribunal a sa raison d'être; c'est une nécessité d'économie et de justice. Pourquoi entretenir tant d'armées et faire tant de dépenses inutiles?

Tous les peuples ont prouvé, trop cruellement pour eux, qu'ils savaient mourir sur les champs de bataille, et ils n'ont pas à craindre de paraître aimer trop la paix.

Nous pensons qu'en cet état de choses, le gouvernement ne peut moins faire que de voter un crédit pour l'étude de cette question et sa réalisation dans l'avenir; que sont en comparaison toutes ces lois et tous ces fonds obtenus pour des motifs moins importants (*).

Nous insistons pour que l'on ne reste pas indifférent; que l'on agisse, que l'on fasse des tentatives, la réussite est à ce prix.

(*) On accorde si facilement 100 ou 200 millions à une expédition quelquefois pour venger la mort d'un seul homme !

C'est un principe nouveau que nous voulons faire prévaloir. C'est l'âge de fraternité succédant à l'âge de sang.

Le commerce et la science sont cosmopolites; la paix et l'amitié doivent le devenir.

Nous n'avons voulu soulever aucune passion; c'est par le bon sens, la raison, que nous désirons persuader.

Nous ne combattons ni ne soutenons aucune politique ni aucune religion; et même nous les appelons toutes à notre secours, et nous ne haïssons que la guerre.

Puisque la guerre est un crime, c'est une obligation pour nous de la faire disparaître; et la civilisation actuelle nous le commande.

Ainsi donc, plus d'assassinat !

S'il y a un Dieu et si vous avez une âme, s'il vous reste quelque sentiment humain, si vous raisonnez enfin, plus de guerre, la paix! la paix!... La raison, l'intérêt, l'honneur, tout vous fait une loi, tout vous impose la nécessité d'arriver à cette solution.

C'est un simple projet que nous soumettons ; si certaines vues semblent peu justes, ou certaines théories irréalisables, on peut les modifier; nous exposons nos idées sans avoir la prétention de ne commettre aucune erreur; le but est seul important.

Toute la question se résume en ceci : un *Tribunal international* est-il possible ou non ?

Nous soutenons l'affirmative ; si on partage notre avis, la guerre ne peut durer longtemps.

Pour nous, il n'y a pas de doute sur la possibilité de cette réforme, mais comment éclairer les autres ! Les sentiments de justice et d'humanité, les principes de la raison, ne pourront-ils pas détruire des préventions ?

Et cependant il est bien certain qu'il est possible d'établir un juge suprême, et un arbitre légitime pour chaque État : c'est l'assemblée nommée par tous.

Nous supplions le lecteur, de ne pas prendre à la légère notre vœu ; qu'il se donne la peine de songer aux horreurs de la guerre, il comprendra comme nous, ce qu'elle a d'affreux, et tout ce que notre projet à de grand et de pratique.

S'il pense comme nous, qu'il nous seconde, et ne considère pas son opinion comme un faible appoint; qu'il sache aussi qu'en laissant tuer ses semblables, il est moralement responsable. Nous appelons son attention sur une question importante, et cette idée ne peut être réalisée que par une action collective ;

sa force sera dans l'unanimité; aussi nous vous disons : il suffit de vouloir et nous réussirons.

Peuples, secondez cette œuvre, qui est la vôtre; protégez vos enfants, ne les laissez plus s'égorger !

Et toi, France ! toi qui as toujours pris l'initiative des idées généreuses, réponds à notre appel.

Vous, pères, venez à notre aide; ce sont vos fils que nous voulons sauver; continuerez-vous donc à faire tant de sacrifices, à prodiguer tant d'amour et d'affection, pour les perdre ainsi misérablement; il dépend de vous de les conserver.

Mais c'est à vous surtout, mères, qui mieux que tous autres, comprendrez qu'on ne peut laisser tuer vos fils; mères, aidez-nous; nous défendons votre bien !

Aux prêtres nous dirons : ne sentez-vous pas toute la contradiction qu'il y a entre un culte qui rattache toute l'humanité à Dieu et ces guerres, ces manifestations militaires, qui deviennent autant de menaces pour les autres peuples?

Nous espérons aussi, que puisque toutes les religions et toutes les philosophies s'accordent pour proscrire la guerre, les représentants de tous les cultes et toutes les écoles s'uniront pour assurer le triomphe de la paix.

A vous, soldats de tous les pays, nous rendons honneur et justice pour votre abnégation qui va jusqu'au mépris de la mort.

Et tout en déplorant l'emploi funeste que l'on fait de votre bravoure et de votre patriotisme, nous vous admirons. Continuez d'obéir aux lois de votre pays ; faites votre devoir, nous faisons le nôtre (*).

En résumé, nous nous sommes proposé pour arriver à cette institution pacifique d'obtenir les résultats suivants :

1° La nomination d'un comité de publicistes.

2° La codification d'un nouveau droit international.

3° L'emploi de tous les moyens pratiques d'une propagande universelle, par la presse, les réunions et les souscriptions, afin de susciter un mouvement d'opinion.

C'est la seule manière d'entrer dans la voie pratique et d'assurer l'accomplissement de notre projet ; nous ne demandons encore qu'un concours financier.

Ce concours une fois obtenu, à la suite de cet

(*) Il nous paraît juste d'accorder aux officiers une double retraite comme compensation, et d'indemniser les fournisseurs et les industriels que ruinerait l'abolition des armées.

appel, de cette initiative, et aussi en tenant compte des idées pacifiques de tous les peuples, nous croyons que notre œuvre ne pourra s'arrêter ; il y a trop d'intérêts en jeu, trop d'avantages à obtenir, pour que nos efforts restent stériles.

Tous ces éléments réunis, en présence d'un but commun parfaitement défini, et de moyens clairement indiqués, nous disons que l'opinion publique exprimera enfin sa volonté ; et la politique, nous en sommes convaincu, modifiera ses vues et son action, pour concourir à ce nouvel état de choses. C'est là un enchaînement de faits qui nous paraît inévitable.

Il ne s'agit pas seulement de parler en faveur de la paix, de préconiser une réforme nouvelle, de préparer même cet état pacifique, il faut faire davantage, nous avons une prétention plus haute, c'est d'instituer cette paix, et dès lors nous pouvons affirmer qu'elle sera établie.

Aussi plus de discours ; des actes !

L'étude est faite, les prémisses sont posées, dès ce moment il nous faut agir ; que la paix ne reste plus un vain espoir, il faut l'opposer à la guerre comme une réalité.

Les nations, tout en conservant l'état militaire

actuel, peuvent déjà établir aujourd'hui ce régime d'une juridiction internationale, en nommant des députés pour travailler au *Code* nouveau, d'un commun accord (*).

Dès lors, on sera convaincu que ce que nous proposons n'est pas une utopie; et l'on sortira des principes et d'un plan théorique pour entrer dans la réalité des faits.

Nous cédons maintenant la parole à des apôtres plus éloquents de la paix : les événements parleront pour nous.

Mais n'oublions pas qu'en attendant, des hommes meurent victimes de ces cruels préjugés, et que l'on peut, en se hâtant, en sauver peut-être un grand nombre. Rappelons-nous surtout, que c'est la seule solution de ce problème, l'extinction de la misère, et le seul remède à tant de malheurs et de souffrances, dont le spectacle est une honte pour l'humanité.

(*) Il ne sera pas dit qu'il y a eu une union monétaire et postale, des conférences internationales pour l'hygiène, pour le système métrique, pour les blessés militaires; et que l'on ne tenterait pas une union pacifique, la plus utile de toutes !

FIN

NOTES

Note 1. — Voici un aperçu des travaux entrepris en faveur de la paix (d'après Larousse) : d'abord le conseil des *Amphic-tyons*, institué par les Grecs, quinze siècles avant notre ère.

Dans les temps modernes, en 1464, le roi de Hongrie Georges Podiébrad envoie un ambassadeur à Louis XI pour lui proposer de convoquer une assemblée de rois et de princes dans le but « d'émanciper les peuples et les rois par l'organisation d'une nouvelle Europe ». Cette idée fut reprise un siècle plus tard par Henri IV, ainsi que nous l'apprend Sully dans ses *Mémoires*. Depuis cette époque, un grand nombre d'esprits élevés ont cherché les moyens de rendre la paix durable. Emeric Lacroix, dans son *Nouveau Cynée* (1623), propose de constituer une diète internationale permanente. Deux ans plus tard, *Grotius*, dans son traité *De jure belli et pacis*, invite les puissances chrétiennes à se réunir dans les cas de conflits internationaux.

En 1647, se fonde la secte des *quakers*, qui déclaraient que, en cas d'attaque, ils renonçaient à se défendre. Un des membres les plus remarquables de cette secte, *William Penn*, dans son *Essai sur la paix présente et future de l'Europe* (1693), reprit le projet de Henri IV, qu'il regarde comme une chose utile, nécessaire et réalisable. Vingt ans plus tard, *l'abbé de Saint-Pierre* publia son *Projet de paix perpétuelle*. *Leibnitz*, en Allemagne, faisait connaître un projet du landgrave Ernest de Hesse-Rhinfelds, analogue à celui de l'abbé de Saint-Pierre.

Mayer, dans son *Tableau politique et littéraire de l'Europe* (1777), proposait un plan de congrès européen, et quelques années plus tard, *Kant* publiait son important projet philo-sophique de paix perpétuelle (1795). Nous citerons encore *Gondon*, pour son projet de paix perpétuelle (1808), *Charles Fourier, Saint-Simon* et *Marchand*.

Dès 1815 des sociétés de paix se fondent aux États-Unis et à Londres; des congrès importants se réunissent à Londres en 1843, à Bruxelles en 1848, à Paris en 1849, à Francfort en 1850, à Londres en 1851, etc. Citons parmi les noms de tous ceux qui ont donné l'appui de leur éloquence à cette grande cause : Richard Cobden, A. Franck, Charles Lucas, Mancini, Frédéric Passy, Henri Richard, etc., etc.

Enfin de nombreuses sociétés rivalisent encore de zèle aujourd'hui pour amener les bienfaits de la paix.

Note 2. — Cette grande subdivision, en même temps qu'elle assure la proportion entre les États, affirme et donne plus d'importance aux sentences, en ce sens qu'elle s'étend sur un plus grand nombre de voix pour exprimer la majorité d'un vote. Le juge qui ne figure que pour 3/10 n'en représentera pas moins son pays et en discutera les intérêts.

Ce sont là des idées nouvelles, qui ne nous paraissent pas présenter de difficulté à la pratique.

En comptant le vote d'un juge pour 10, cela revient évidemment au même que si l'on prenait :

Pour l'Allemagne. . . .	55 juges.
— l'Autriche	50 —
— la Belgique. . . .	31 —
— la Bolivie	7 —
— le Brésil	30 —
— le Chili	10 — etc.

Si nous n'avons pas adopté ces chiffres pour le nombre de juges à élire, c'est que le trop grand nombre nous a paru présenter des inconvénients (voyez la note au bas de la page 31).

Voici les

TABLEAUX SYNOPTIQUES ·

QUI NOUS ONT SERVI POUR ÉTABLIR LE NOMBRE DE JUGES

POPULATION

Évaluation.

Chine	400.000.000 habit.	2 1/2 ou 25 voix
Russie.	100.000.000	2 ou 20 voix.
Etats-Unis	50.445.000	
Allemagne	45.234.000	
Autriche.	37.741.000	
France.	37.500.000	1 1/2 ou 15 voix
Japon	36.700.000	
Grande-Bretagne	35.2 6.100	
Italie	28.460.000	
	25 millions	
Turquie	22.190.000	
Espagne	16.800.000	1 ou 10 voix.
Brésil	11.800.000	
	10 millions	
Mexique.	9.787.000	
Perse	8.100.000	
Maroc	7.000.000	
Suède-Norvège	6.479.000	6/10 ou 6 voix.
Siam.	6.000.000	
Belgique.	5.585.000	
Roumanie	5.376.000	
	5 millions	
Portugal	4.745.000	
Pays-Bas.	4.104.000	
Colombie.	2.950.000	
République Argentine.	2.943.000	
Suisse	2.846.000	
Pérou	2.800.000	
Chili.	2.240.000	
Venezuela	2.675.000	3/10 ou 3 voix.
Tunis	2.100.000	
Bolivie.	2.000.000	
Danemark	2.000.000	
Grèce	2.000.000	
Serbie	1.800.000	
Guatemala	1.252.000	
Equateur.	1.116.000	
	1 million	
Haïti.	800.000	2/10 ou 2 voix.
San Salvador.	610.000	
	_500.000_	
Uruguay.	438.000	
Honduras	400.000	
Paraguay.	350.100	
Nicaragua	300.000	
Monténégro	236.000	
Costa-Rica	200.000	1/10 ou 1 voix.
Luxembourg	209.000	
Saint-Dominique	150.000	
Zanzibar.	100.000	
Hawaï	68.000	

BUDGET

Évaluation.

France.	3.480.000.000 Fr.	
Russie.	3.108.000.000	
Grande-Bretagne	2.000.000.000	
	2.000.000.000	
Allemagne	pour l'empire :	2 ou 20 voix.
	737.000.000	
Autriche.	2.000.000.000	
États-Unis	2.000.000.000	
Italie.	1.537.000.000	

1 milliard

Espagne	880.000.000	1 1/2 ou 15 voix.
Chine	600.000.000	

500 millions

Japon	360.000.000	
Turquie	354.000.000	
Pérou	330.000.000	
Belgique	323.000.000	
Brésil	318.000.000	
Pays-Bas.	290.000.000	
Chili.	219.000.000	1 ou 10 voix.
Mexique	191.000.000	
Portugal	180.000.000	
République Argentine. . . .	163.000.009	
Suède-Norvège	166.000.000	
Roumanie	125.000.000	

100 millions

Suisse.	85.000.000	
Grèce	72.000.000	6/10 ou 6 voix.
Danemark	67.000.000	
Perse	50.000.000	

50 millions

Colombie.	47.000.000	
Uruguay.	44.000.000	
Tunis	41.000.000	
Siam.	40.000.000	
Serbie	35.000.000	3/10 ou 3 voix.
Guatemala	35.000.000	
Haïti	31.000.000	
Venezuela	26.000.000	

25 millions

Maroc		
Bolivie.	24.000.000	
San Salvador.	21.000.000	
Hawaï.	11.000.000	
Costa-Rica	10.000.000	2/10 ou 2 voix.
Nicaragua	8.000.000	
Luxembourg	8.000.000	
S. Dominique	8.000.000	

5 millions

Honduras	4.000.000	
Équateur.	3.500.000	
Zanzibar.	2.350.000	1/10 ou 1 voix.
Paraguay.	1.575.000	
Montenegro	800.000	

COMMERCE

Évaluation.

Angleterre . . . . 17.500.000.000 Fr.   2 1/2 ou 25 voix.

France. 8.500.000.000
États-Unis . . . . 7.500.000.000   } 2 ou 20 voix.
Allemagne 7.113.000.000
5 milliards

Russie. 4.000.000.000
Autriche 3.485.000.000
Pays-Bas. 3.380.000.000
Belgique. . . . . 2.933.000.000   } 1 1/2 ou 15 voix.
Chine 2.500.000.000
Italie 2.500.000.000
2 milliards

Espagne 1.100.000.000
Suède-Norvège . . . . 1.000.000.000   } 1 ou 10 voix.
Brésil. 1.000.000.000
1 milliard

Suisse 880.000.000
République Argentine. 604.000.000
Turquie 600.000.000
Danemark . . . . 596.000.000   } 6/10 ou 6 voix.
Roumanie 513.000.000
Chili. 500.000.000
500 millions

Portugal 343.000.000
Mexique 341.000.000
Japon 336.000.000
Pérou 279.000.000
Tunis 250.000.000
Uruguay. . . . . 206.000.000   } 3/10 ou 3 voix.
Grèce 177.000.000
Venezuela 155.000.000
Colombie. 154.000.000
Siam. 120.000.000
Perse 102.000.000
100 millions

Costa-Rica 80.000.000
Luxembourg 71.000.000
Haïti. 70.000.000
Hawaï 66.000.000
Serbie 41.000.000
San Salvador. . . . . 41.000.000   } 2/10 ou 2 voix.
Maroc 40.000.000
Guatemala 40.000.000
Nicaragua 40.000.000
Zanzibar. 30.000.000
Bolivie. 27.000.000
Équateur. . . . .
25 milli ns

S. Dominique 18.000.000
Paraguay. . . . . 16.000.000   } 1/10 ou 1 voix.
Honduras 10.000.000
Montenegro. 5.800.000

RÉCAPITULATION :

	Population	Commerce	Budget	Total et proportion	Juges
Allemagne	15	20	20	= 55 ou 5 $\frac{5}{10}$	6
Autriche	15	15	20	= 50 5	5
Belgique	6	15	10	= 31 3 $\frac{1}{10}$	4
Bolivie	3	2	2	= 7 $\frac{7}{10}$	1
Brésil	10	10	10	= 30 3	3
Chili	3	6	10	= 19 1 $\frac{9}{10}$	2
Chine	25	15	15	= 55 5 $\frac{5}{10}$	6
Colombie	3	3	3	= 9 $\frac{9}{10}$	1
Costa-Rica	1	2	2	= 5 $\frac{5}{10}$	1
Danemark	3	6	6	= 15 1 $\frac{5}{10}$	2
Equateur	3	2	1	= 6 $\frac{6}{10}$	1
Espagne	10	10	15	= 35 3 $\frac{5}{10}$	4
Etats-Unis	15	20	20	= 55 5 $\frac{5}{10}$	6
France	15	20	20	= 55 5 $\frac{5}{10}$	6
Grande-Bretagne	15	25	20	= 60 6	6
Grèce	3	3	6	= 12 1 $\frac{2}{10}$	2
Guatemala	3	2	3	= 8 $\frac{8}{10}$	1
Haïti	2	2	3	= 7 $\frac{7}{10}$	1
Hawaï	1	2	2	= 5 $\frac{5}{10}$	1
Honduras	1	1	1	= 3 $\frac{3}{10}$	1
Italie	15	15	20	= 50 5	5
Japon	15	3	10	= 28 2 $\frac{8}{10}$	3
Luxembourg	1	2	2	= 5 $\frac{5}{10}$	1
Maroc	6	2	2	= 10 1	1
Mexique	6	3	10	= 19 1 $\frac{9}{10}$	2
Monténégro	1	1	1	= 3 $\frac{3}{10}$	1
Nicaragua	1	2	2	= 5 $\frac{5}{10}$	1
Paraguay	1	1	1	= 3 $\frac{3}{10}$	1
Pays-Bas	3	15	10	= 28 2 $\frac{8}{10}$	3
Pérou	3	3	10	= 16 1 $\frac{6}{10}$	2
Perse	6	3	6	= 15 1 $\frac{5}{10}$	2
Portugal	3	3	10	= 16 1 $\frac{6}{10}$	2
République Argentine	3	6	10	= 19 1 $\frac{9}{10}$	2
Roumanie	6	6	10	= 22 2 $\frac{2}{10}$	3
Russie	20	15	20	= 55 5 $\frac{5}{10}$	6
Saint-Dominique	1	1	2	= 4 $\frac{4}{10}$	1
San-Salvador	2	2	2	= 6 $\frac{6}{10}$	1
Serbie	3	2	3	= 8 $\frac{8}{10}$	1
Siam	6	3	3	= 12 1 $\frac{2}{10}$	2
Suède et Norvège	6	10	10	= 26 2 $\frac{6}{10}$	3
Suisse	3	6	6	= 15 1 $\frac{5}{10}$	2
Tunis	3	3	3	= 9 $\frac{9}{10}$	1
Turquie	10	6	10	= 26 2 $\frac{6}{10}$	3
Uruguay	1	3	3	= 7 $\frac{7}{10}$	1
Venezuela	3	3	3	= 9 $\frac{9}{10}$	1
Zanzibar	1	2	1	= 4 $\frac{4}{10}$	1

Nombre de voix 912   pour   112 représentants.

Nota. — N'ayant pu nous procurer des chiffres exacts, cette classification peut être modifiée; nous ne la donnons que comme proposition.
Du reste, toute autre proportion est possible en donnant une évaluation différente aux divisions de ces tableaux statistiques.

Note 3. — Ces 46 États figurent seuls dans l'Annuaire de statistique générale, cela suffit déjà ; mais il y a d'autres nations, par exemple :

En Asie :

L'Afghanistan avec 4 millions d'habitants ;

Le Turkestan avec 3 millions ;

L'Arabie avec 2 millions ;

L'Empire Birman avec 4 millions.

En Afrique :

Le Soudan qui compte plusieurs États et 32 millions d'habitants ;

Les côtes de Guinée avec 23 millions, composées du royaume de Dahomey, du royaume des Achantis, et de la République Liberia, d'un million et demi d'habitants ;

L'Abyssinie, qui compte plusieurs États et 3 millions d'habitants ;

Puis de grandes contrées encore peu connues, telles que le Sahara, la Nigritie, la Cafrerie, la Sénégambie.

En Océanie :

L'île de Sumatra, d'environ 4 millions d'habitants, où se trouve le royaume d'Atchin ;

L'île de Bornéo, dont la population est d'environ 4 millions, avec la sultanerie Bornéo et la principauté Sarawak.

Ainsi le Turkestan possède une armée de plus de 223,000 hommes et n'est pas compris cependant parmi les nations appelées à élire un Tribunal.

Dans ce tableau ne figure pas non plus : l'*Annam*, qui a un consul à Saïgon ; ni la République *Liberia*, ayant consul général à Paris et 4 autres en France ;

Madagascar, qui a également 1 consul à Paris et 1 autre à Marseille ;

Monaco, 1 ministre plénipotentiaire à Paris et 10 consuls en France ;

La République d'*Orange*, qui a un consulat à Paris ;

San-Marino, 7 consuls en France.

D'un autre côté, nous avons 7 consuls sur la côte occidentale d'Afrique (République de Liberia, *Dahomey*) ;

A *Mascate*, un agent consulaire ;

Près du *Saint-Siège*, un ambassadeur ;

Et des consulats à *Tripoli de Barbarie*.

Enfin, il y a des consuls de diverses nations dans toutes les colonies, et nous avons en Bavière un ministre plénipotentiaire.

Tous ces peuples pourraient faire partie également de notre union, en venant plus tard se grouper autour d'elle. Ce seraient quelques voix de plus.

Mais déjà, si un petit État de l'Asie n'a pas de représentant au Tribunal, ceux des autres États de la même contrée pourront y suppléer.

Nous rappelons que la population des cinq parties du monde se compose pour :

L'Europe de. . . . 333 millions, et dans le rapport de 23 0/0

L'Afrique de . . . 206   —   —   —   14

L'Asie de 758   —   —   —   53

L'Océanie de . . . 37   —   —   —   3

Et l'Amérique de 100   —   —   —   7

Total. . . 1,434 millions.   100

c'est-à-dire que l'Europe ne renferme même pas le quart de la population générale ; l'Asie en comprend la moitié.

Remarquons en passant que la Chine est aussi grande que l'Europe, et qu'elle vit bien en paix sous une dynastie impériale.

Note 4. A. — Il y aurait d'autres moyens de nomination pour ce Tribunal ; par exemple :

On pourrait élire un juge par 10 millions d'habitants, quels qu'ils soient ; ce serait plus simple : chaque nation enverrait un nombre de représentants proportionnel à sa population.

Toutefois, on peut faire une objection à ce système, c'est que la plupart des nations européennes seraient représentées par trois ou quatre membres, tandis que la Chine en aurait quarante pour elle seule.

Nous pensons que cette disproportion ne présenterait pas encore d'inconvénient bien grave, attendu que pour appliquer un Code la nationalité des juges importe peu.

On pourrait peut-être aussi, pour l'élection des membres du Tribunal, diviser l'*Europe* seule en sections nouvelles, en dehors des limites politiques actuelles, de façon à équilibrer le chiffre des populations et à éviter l'antagonisme des peuples.

Cependant l'inégalité subsisterait encore ; car les millions d'hommes qui forment la Russie annuleraient l'action de la Belgique, de l'Angleterre même.

Enfin si on nommait un membre unique pour chaque nation on aurait le même inconvénient qu'en tenant compte de la population seule, car ce juge ne représenterait plus équitablement l'importance de cette nation. De plus, les petits États, par leur nombre, détruiraient l'influence légitime des grandes puissances.

En résumé, nous croyons qu'il est préférable de s'en tenir à notre premier moyen.

Pour compléter cette étude, consulter la note 8 C.

B. — On pourra examiner également si, au lieu qu'un seul Tribunal centralisât toutes les affaires, il ne serait pas préférable d'établir des Tribunaux également internationaux, mais sous la dépendance du *Grand Tribunal*, pour juger tous les délits et les petits différends locaux, que le premier leur enverrait.

On subdiviserait ainsi la juridiction en tribunaux, comme ceux de 1ᵉ instance en France pour contestations locales ou faits privés; puis ceux d'appel pour contestation entre deux peuples, mais de peu d'importance; enfin une juridiction suprême, le Tribunal international de cassation, pour tous les cas graves, et auquel on ferait appel.

La composition de chacun de ces tribunaux secondaires pourrait être formée par le corps diplomatique même de tous les pays résidant dans chaque capitale; de là, autant de tribunaux que de nations, mais indépendants d'elles et tous, par leur composition même, présentant un caractère international : cela serait d'autant plus facile, que ce corps diplomatique est tout instruit pour ce service; le *Grand Tribunal* resterait seul pour discuter les questions techniques de droit avec le caractère de cour de cassation.

Enfin ce Tribunal pourrait ne pas être permanent, mais former une sorte de Congrès se réunissant lorsqu'il se présenterait une cause à juger.

Nous soumettons différentes solutions parce qu'elles feront l'objet d'études pour la commission chargée du travail préparatoire qui devra précéder l'organisation définitive.

Cette Commission, étant composée d'hommes plus compétents que nous, aura aussi pour mission de rechercher les meilleurs moyens pratiques.

Nous avons laissé également quelques questions de détail à résoudre, n'étant pas certain de leur opportunité.

Note 6. — A notre avis, il n'est pas nécessaire que chaque nation fournisse au Tribunal un contingent de soldats pour former une police ou une milice cosmopolite afin de garantir l'exécution de ses jugements. Mais encore, au début, une pareille organisatio nous semblerait préférable à la guerre.

Dans ce cas, on supprimerait les armées dans un délai, donné pour toute nation, après son *admission* au Tribunal qui en deviendra le protecteur.

Ainsi, si cela est nécessaire dans le commencement, et pendant une durée de cinq ou de dix ans, toutes les nations seront tenues d'envoyer un contingent de troupes, comme police, pour soutenir les décisions du Tribunal et maintenir son autorité contre toute résistance, s'il s'en produisait.

Ces contingents seraient minimes et peu coûteux; mais ils auraient l'inconvénient de conserver un caractère militaire. D'ailleurs, nous proposons ce moyen comme un pis-aller à n'employer que dans le cas de nécessité absolue ; car nous préférons la force morale seule, qui doit suffire.

On interdirait toujours aux nations toute autre troupe que celle de la police. Et alors, on peut concevoir toute la force que présenterait un Tribunal protégé par un contingent de volontaires fourni par chaque nation, quand les peuples n'auraient plus d'armée.

Le Tribunal aurait ainsi des forces suffisantes pour intervenir comme *pacificateur* auprès de toute nation qui se révolterait contre lui.

Note 6. — Les corps diplomatiques peuvent être utilisés, soit pour former des conseils (note 4 B), soit pour présenter les affaires ou enfin pour jouer un rôle actif.

Et réuni, ce corps diplomatique ne pourrait-il, comme nous l'avons déjà dit, avoir droit de juridiction pour les cas de flagrants délits, les insultes, les révoltes individuelles, en laissant au Grand Tribunal l'attribut et la sanction de Cour d'appel, où les causes graves appelées autrefois *casus belli* seraient seules jugées?

Nous avons dit que les solutions possibles étaient multiples ; ainsi, si l'on voulait, il n'y aurait au besoin, pour constituer un Tribunal, qu'à prendre pour juges le corps diplomatique même des pays qui ont aujourd'hui des relations entre eux ; par suite, cela n'empêcherait pas, dans le cas où des difficultés surgiraient, d'en référer à un Tribunal central.

On pourrait aussi élire comme *juges* d'un *Tribunal unique* tous ceux qui font déjà partie du corps diplomatique actuel. On aurait l'avantage de trouver dans ces diplomates, des juges tout prêts et tout choisis.

Note 7. — En voici un projet que nous croyons pouvoir soumettre :

Une union est formée entre les nations, dans le but d'écarter tous les cas de guerre, et de régler leurs différends, leurs réclamations et leurs délits, enfin tous leurs actes internationaux, d'après un Code.

Elles s'engagent ainsi à accepter les décisions d'un grand Tribunal, et à les garantir mutuellement au besoin contre toute violation.

Dans le but d'éloigner toutes les causes de conflit et de guerre qui n'ont que trop désolé l'humanité, chacune des nations envoie un nombre déterminé de juges pour constituer ce congrès pacifique.

Toutes les nations contractantes jouiront, par ce fait, des droits et des bienfaits de l'association et du Code international garantissant leurs intérêts.

Ce présent Code est adopté et reconnu valable par lesdites nations qui jurent de s'y conformer et de l'observer strictement ; elles déclarent que l'enfreindre ce serait manquer à la loyauté, à la justice et à l'accord nécessaire à l'union commune.

Par cela même, elles s'engagent aussi à ne pas se retirer de cette union sous quelque prétexte que ce soit, etc.

On peut consulter comme modèle *la ligue de Suisse de 1424* et notre *charte constitutionnelle* de 1811; du reste, nous nous en sommes inspiré.

Note 8. A. — Autrement, ce serait reconnaître le droit d'intervention; or, nous avons adopté cette maxime que les États-Unis ont les premiers mise en pratique :

« Ne jamais s'interposer dans les affaires intérieures d'aucune puissance. »

Pour toutes ces questions de colonies et de guerres intestines, nous suivons, du reste, les règles d'usage généralement adoptées.

Et la milice, dans les proportions que nous avons indiquées, nous paraît suffisante pour garantir la paix publique.

Mais dans les cas d'insurrection, les étrangers seront protégés par les lois internationales, à condition de ne pas intervenir dans les troubles.

B. — Ces possessions extérieures des États européens s'élèvent à un chiffre de population supérieur à celui de l'Europe entière.

En voici le tableau d'après l'annuaire du bureau des longitudes de 1885.

Grande-Bretagne. . .	267.324.000
Turquie.	10.744.000
Portugal	3.292.000
Pays-Bas	24.580.000
France	27.128.000
Espagne.	7.000.000
Danemark.	110.000
Total	350.084.000

C. — Si l'on adoptait un plus grand nombre de juges pour chaque nation, cela permettrait de donner aux colonies une représentation directe, ce qui paraîtrait plus équitable.

Ainsi ne semble-t-il pas juste que les pays sous le protectorat d'une nation, tels que :

Le Tonkin de 12 millions,

Et l'Annam de 6 millions,

aient des représentants au Tribunal au même titre que les autres puissances ?

Le même principe paraît s'appliquer à toutes les colonies

De même pour les fédérations, on adopterait le mode d'élection au conseil fédéral, qui servirait de base à leur représentation au Tribunal.

Cependant, il est conforme au droit international actuel de reconnaître que la nationalité se perd par l'union de divers États et, à ce titre, les colonies ne peuvent individuellement être représentées; mais elles ont le droit comme partie intégrante de la nation d'être comprises dans sa représentation : ainsi les 6 juges de l'Angleterre représentent l'Inde aussi bien que la métropole; et de même, les États-Unis ne forment qu'une nationalité, quoique composés de plusieurs États.

Enfin, actuellement, ces colonies n'ont pas de relations diplomatiques.

Note 9. — Pour établir ce *droit public et privé* d'après la voie que nous avons tracée pour adopter la juridiction propre à chaque nation, on n'aura qu'à généraliser cette règle dans les articles du Code; en voici un exemple :

Tout individu qui aura incendié ou détruit, par l'explosion d'une mine, des édifices, des magasins, arsenaux, vaisseaux ou autres propriétés d'un pays étranger, sera jugé conformé, ment aux lois du pays où ces actes auront été commis, comme un citoyen du pays même (art. 95, Code pénal).

Dans ce projet de paix, considérant toutes les nations entre elles comme membres d'une même famille, on devra prendre comme lois communes les lois relatives à l'intérêt particulier de chaque nation ; c'est là le véritable caractère de cette grande alliance des nationalités entre elles ; les intérêts, par suite les garanties, deviennent identiques pour assurer la tranquillité et la prospérité générales.

' Ainsi, pour les délinquants en France, on appliquera les articles 91, 93, 94, 95, 96 ou 97 du Code pénal. Pour le faux témoignage les articles 361 à 366. Les articles 373 et 376 pour les injures et les calomnies. On recourra aux articles du Code pénal, 121 à 126, concernant la coalition des fonctionnaires ; aux articles 222, 223, 224, etc., pour outrages aux magistrats, attentats à la vie et à la personne des membres du Tribunal. Les articles du Code pénal sur le meurtre, l'assassinat, les menaces, 309, 310, etc. Articles 435 à 444 sur la destruction, dégradation et dommage ; etc.

Pour banqueroutes, escroqueries, abus de confiance et toutes contraventions aux lois dans un pays étranger, on sera poursuivi naturellement par les tribunaux respectifs de ces pays, comme nous l'avons déjà dit.

Pour les mariages entre étrangers, et les contrats, pour établir la nationalité, la naturalisation, les successions, les obligations, etc., on se conformera aux lois qui existent aujourd'hui dans le droit des gens ou plutôt dans le droit civil de chaque nation.

Nous renvoyons aux lois pénales et civiles de chaque pays, concernant ces matières.

Puisque nous avons déjà exposé dans ces notes plusieurs moyens pratiques, nous pouvons ici, indiquer une voie différente de celle que nous avons adoptée. Elle consisterait à généraliser pour toutes les nations les mêmes pénalités dans de nouvelles lois stipulant les délits.

Pour établir ces lois, on suivrait à la fois nos Codes pénal et civil et le droit international; on pourrait consulter aussi les lois dans Dalloz (Jurisprudence générale, par lettre alphabétique).

Voici quelques exemples à l'appui de notre idée :

L'article 91 de notre Code pénal serait ainsi modifié :

Des crimes tendant à troubler la paix publique et celle d'autres États par la guerre, l'emploi de la force armée, la dévastation et le pillage :

L'attentat dont le but sera soit d'exciter la guerre en armant ou en portant les habitants à s'armer contre une autre nation, soit de porter la dévastation, le massacre et le pillage dans un ou plusieurs pays, sera puni individuellement de la déportation, ou l'État rendu responsable et frappé d'une amende proportionnelle à sa représentation dans le Tribunal.

Art. 92. — *Seront punis de la même peine, ceux qui auront levé ou fait lever des troupes armées, engagé ou enrôlé, fait engager ou enrôler des soldats, ou leur auront fourni ou procuré des armes ou munitions dans un but hostile envers un autre peuple.*

Art. 92. — *Ceux qui auront pris le commandement d'un corps d'armée, d'une troupe, d'une flotte, d'une escadre, d'un bâtiment armé pour la guerre, d'un poste, d'un port, d'une ville, enfin un commandement militaire quelconque, toujours dans des intentions hostiles, seront punis de la même peine.*

On pourrait inscrire en tête de l'article 91 :

L'attentat dont le but sera d'exciter la guerre par la voie de la presse, d'écrits ou de paroles, sera frappé d'un emprisonnement de 6 mois à 2 ans pour les particuliers ou d'une amende proportionnelle pour les gouvernements.

Voici le changement que nous apporterions à l'article 373.

Quiconque aura fait par écrit une dénonciation calomnieuse ou injurieuse contre un ou plusieurs étrangers, fonctionnaires ou ayant qualité dans leur pays, sera puni d'un emprisonnement d'un mois à un an et d'une amende.....

On suivrait ainsi pour tous les autres délits les articles du Code pénal et du Code civil, en les comparant aux lois étrangères.

Ce sont là de nouveaux points de vue qu'un comité d'étude seul peut décider et que les auteurs du Code auront également à étudier pour en juger l'opportunité.

Il est certain que cette uniformité des lois internationales est appelée à exister dans l'avenir.

On pourrait aussi adopter comme moyen de répression contre les nations déclarées coupables, la prohibition de certaines marchandises, ou leur imposer des droits d'exportation.

Note 10. —Que les gouvernements consentent seulement, dans l'état actuel et en conservant le régime militaire, à envoyer des représentants dans la forme que nous avons indiquée; ces représentants ayant pour seul mandat de travailler à un Code international et de voter les bases d'une entente générale.

Les gouvernements, croyons-nous, ne peuvent se refuser à cette preuve de bonne volonté.

Note 11. — Voici un tableau des valeurs absorbées par les budgets de la guerre des puissances européennes vers 1861, extrait de l'ouvrage : « *De la guerre et des armées permanentes*, par Patrice Larroque » :

TABLEAU DES VALEURS ABSORBÉES PAR LES BUDGETS DE LA GUERRE DES PUISSANCES EUROPÉENNES (1864)

NATIONS	EFFECTIFS des armées de terre et de mer	SOMMES correspondantes à la perte de travail des soldats et marins	VALEURS des propriétés mobilières et immobilières affectées au service de la guerre	INTÉRÊTS des valeurs des propriétés mobilières et immobilières affectées au service de la guerre	DETTES publiques causées par la guerre	INTÉRÊTS des dettes publiques causées par la guerre	DÉPENSES militaires annuelles portées dans les budgets officiels	TAUX RÉELS des dépenses militaires annuelles	BUDGETS des RECETTES	RAPPORTS des dépenses militaires annuelles aux recettes
	hommes	francs	francs	francs	francs	francs	francs	francs	francs	
France........	500,000	150,000,000	4,400,000,000	176,000,000	9,529,634,894	503,960,292	589,082,385	1,369,042,677	2,063,952,409	Plus des deux tiers.
Angleterre.....	229,871	114,935,500	3,000,000,000	120,000,000	20,223,217,337	459,997,800	712,188,800	1,607,872,100	1,811,414,130	Près des 8 neuvièmes.
Autriche.....	400,000	120,000,000	2,600,000,000	80,000,000	6,214,615,825	248,584,633	350,015,368	798,601,001	1,242,292,610	Plus des 3 cinquièmes.
Prusse........	351,734	165,520,200	2,000,000,005	80,000,000	1,042,649,406	52,132,470	137,435,223	375,087,893	501,218,829	Près des trois quarts.
Russie........	737,550	147,510,000	2,000,000,000	80,000,030	6,484,090,900	235,000,000	492,802,440	955,312,440	1,221,229,552	Plus des trois quarts.
Turquie.....	314,000	62,800,600	1,000,030,000	40,000,0.0	461,714,352	41,303,025	142,064,150	286,167,175	286,100,615	Supérieure.
Suède........	77,505	15,513,005	406,000,000	16,000,000	»	»	30,000,000	64,513,000	80,000,000	Plus des trois quarts.
Danemark....	46,000	9,200,000	200,000,030	8,000,900	288,845,230	14,442,260	20,000,000	51,642,260	120,213,815	Plus des 5 douzièmes.
Pays-Bas.....	70,394	21,418,200	500,000,000	16,000,000	2,247,207,995	64,027,210	46,703,078	147,858,488	195,300,483	Plus des trois quarts.
Belgique.....	74,718	22,415,400	300,000,000	12,000,000	738,607,764	40,616,724	32,235,010	107,207,134	148,629,190	Près des trois quarts.
31 États de la Confédération germanique..	165,810	49,743,000	800,000,000	32,000,000	1,500,000,000	75,000,000	60,000,000	216,743,000	380,000,000	Près des 3 cinquièmes.
Espagne.......	256,383	51,276,000	800,000,000	32,000,000	3,300,000,000	168,000,000	125,625,963	376,912,563	504,056,800	Près des trois quarts.
Portugal......	21,915	4,383,000	300,000,000	12,000,000	885,540,237	28,842,173	27,943,581	73,168,754	94,041,682	Plus des trois quarts.
Italie........	323,675	64,735,000	1,200,000,000	48,000,000	2,265,663,249	107,730,331	300,000,000	520,465,331	500,000,000	Supérieure.
Suisse........	»	»	25,000,000	1,000,000	»	»	3,000,000	4,000,000	21,685,566	Moins d'un cinquième.
Totaux.....	3,509,615	950,149,900	18,825,000,000	753,000,000	55,231,696,359	2,239,636,918	3,019,856,999	6,951,643,817	9,110,135,600	Près des 7 neuvièmes.

« On voit par ce document que l'effectif des armées de
» terre et de mer de l'Europe sans y comprendre les gardes natio-
» nales, milices, réserves et landwehrs, est de 3,569,615 hom-
» mes, et les sommes correspondantes à la perte de leur travail
» s'élèvent à 939,119,900 francs.

» La valeur improductive des propriétés mobilières et immo-
» bilières, affectées au service de la guerre, est de 18,823,000,000
» de francs, et les intérêts de la valeur de ces propriétés s'élè-
» vent à 753 millions.

» Les dettes publiques causées par la guerre forment un
» total de 55,231,696,359 francs et les intérêts de ces dettes
» sont de 2,239,636,918 francs.

» La dépense militaire annuelle, qui, dans les budgets
» officiels, est portée à un total de 3,019,836,000 francs s'élève
» en réalité à un total de 6,951,618,817 francs, c'est-à-dire
» approche des 7/9 du chiffre de la recette totale, qui est de
» 9,110,135,000 francs. Pour plusieurs États, elle dépasse le
» chiffre de la recette du budget public. »

Note 12. — Voici une autre citation d'un médecin militaire,
le docteur Chenu :

« Le champ de bataille, pendant et après l'action, présente
» un tableau émouvant qui échappe à toute description.
» — On aperçoit quelques hommes étendus immobiles sur le
» sol, quelquefois la face au ciel et les yeux ouverts; le sang
» inonde la figure des uns frappés au crâne et rougit le ter-
» rain; d'autres, atteints au cœur, ne présentent aucune souil-
» lure de sang.

» Les proportions et les émotions changent comme celles
» des combattants : des mourants se tordent dans les an-
» goisses de l'asphyxie par hémorragie interne, ou dans les
» convulsions de l'agonie ; quelques-uns crient, demandent
» qu'on s'occupe d'eux. Ailleurs l'entassement des victimes

» donne l'idée de l'acharnement et du temps employé pour
« s'emparer de la position. A droite, des chevaux et des
» cavaliers abattus, mêlés à des fantassins, marquent le pas-
« sage d'une charge de cavalerie. Les côtés d'un carré ou
« une ligne d'infanterie restent indiqués sur le terrain ; et,
» sur plusieurs points, des hommes coupés en deux ou pré-
» sentant d'horribles mutilations, les uns sans tête, les autres
» la poitrine ou le ventre largement ouverts; des membres
» épars, des chevaux éventrés, un désordre plus apparent
» dans le désordre général, racontent un combat d'artillerie
« et permettent même de distinguer les effets des boulets et
» ceux de la mitraille. »

(*De la mortalité dans l'armée*, p. 189 et suivantes.)

Note 13. — En voici une preuve officielle :

Le docteur Chenu récapitule ainsi les pertes des armées
engagées dans la campagne de Crimée de 1853 à 1856:

Armées.	Tués.	Morts de blessures ou de maladies.	Total.
Française	10.240	85.375	95.615
Anglaise	2.755	19.427	22.182
Piémontaise.	12	2.182	2.194
Turque	10.000	25.000	35.000
Russe.	30.000	600.000	630.000
	53.007	731.984	784.991

Maintenant veut-on savoir ce que coûtent ces guerres ?
M. Leroy-Beaulieu en a donné une statistique pour un espace
de quinze ans :

Hommes tués à l'ennemi ou morts de maladie pendant les guerres :

Crimée	784.991 hommes.
Italie	45.000
Sleswig-Holstein.	3.500
Amérique du Nord	981.000
Amérique du Sud	519.000
Guerre de 1866	45.000
Expéditions lointaines	65.000
TOTAL	**1.743.491 hommes.**

Argent dépensé :

Crimée . . . . Fr.	8.500.000.000
Italie	1.500.000.000
Sleswig-Holstein	1.180.000.000
Amérique du Nord	23.500.000.000
Amérique du Sud	11.500.000.000
Guerre de 1866.	1.650.000.000
Guerres lointaines	1.000.000.000
TOTAL . . . . Fr.	**48.830.000.000**

A ajouter 1870 qui nous a coûté environ 12 milliards et combien de victimes?

En résumé la guerre coûte à l'Europe seulement 19 millions par jour.

19 millions par jour pour s'entre-tuer et occuper des millions d'hommes plusieurs années à leur apprendre à exterminer leurs semblables, n'est-ce pas contraire au bon sens?

Note 14. — Le régime militaire n'est compréhensible qu'autant que son existence est indispensable, de même que le devoir patriotique du soldat n'a de raison d'être que si la guerre et la force militaire sont utiles pour défendre le pays, soutenir ses droits et protéger son sol; mais, dès le jour où cette intégrité territoriale et le droit peuvent être défendus d'une façon plus efficace, par l'institution d'une juridiction légale, il n'y a plus de raison légitime pour entretenir les armées, plus de devoir militaire pour les citoyens.

Note 15.—Si l'on ne considère déjà que le nombre de jeunes gens appelés par le service militaire, c'est-à-dire des millions d'hommes directement intéressés à cette réforme, lequel d'entre eux ne donnerait pas une somme légère pour s'exempter de cette cruelle nécessité? Quelle famille ne ferait pas un sacrifice pour racheter ses fils de cet esclavage, qui les expose à être tués? l'affection lui en fait un devoir: nous pouvons donc compter de cette source des millions en souscriptions qui suffiront pour éteindre ce fléau.

TABLE

IMPRIMERIE CHAIX, RUE BERGÈRE, 20, PARIS. — 1031-7.

PROGRAMME

POUR

L'ÉTABLISSEMENT D'UNE JUSTICE INTERNATIONALE

ET

L'ABOLITION DE LA GUERRE

CODE ET TRIBUNAL DES NATIONS

CONSÉQUENCES :

RÉFORME BUDGÉTAIRE, SUPPRESSION DES ARMÉES
SOULAGEMENT DE LA MISÈRE

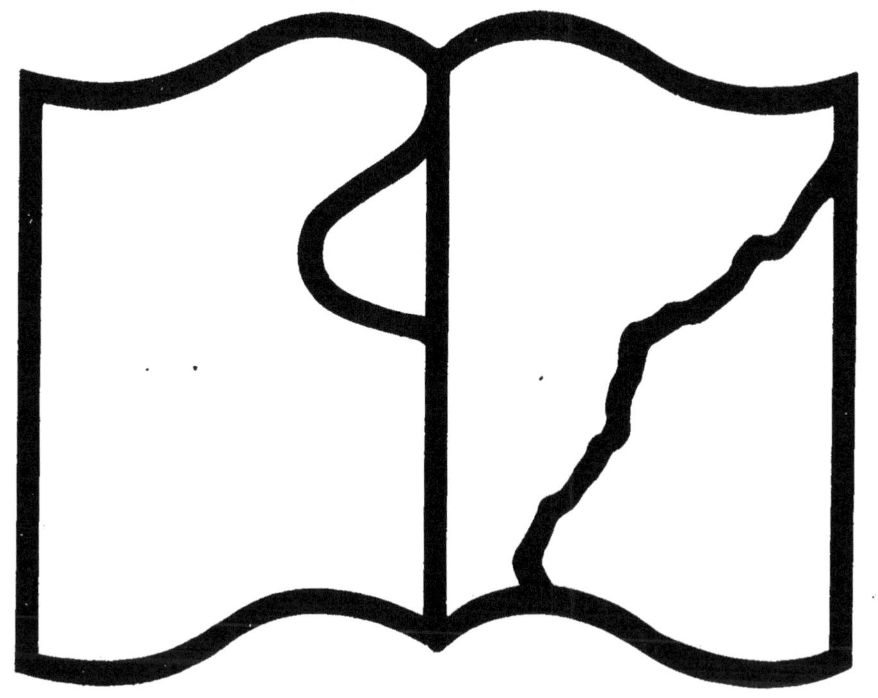

Texte détérioré — reliure défectueuse

NF Z 43-120-11